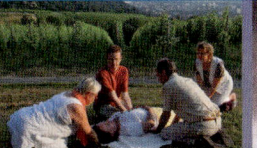 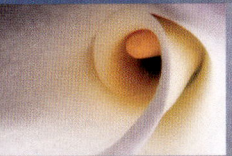  

Michaela Fischer

Bewusstseins-Wandel

Mit Freude und Leichtigkeit in
die nächste Dimension

Übungsbuch für Lichtarbeiter

Schirner
Verlag

Der Dimensionswechsel, der eine globale Transformation der Erde und ihrer Bewohner mit sich bringt, ist eine große Gnade und gleichzeitig eine enorme Herausforderung für uns alle! Die Menschen, die jetzt ihr Licht in die Welt aussenden und anderen helfen, dasselbe zu tun, sind wirkliche »Erden-Engel«. Sie werden dringend gebraucht, um diejenigen zu unterstützen, die noch in alten Denk- und Gefühlsstrukturen verhaftet sind und vielleicht gar nicht wissen, warum plötzlich alles Vertraute um sie herum zusammenbricht.

Auch die Engel auf Erden sind natürlich noch in ihren Transformations- und Lichtkörperprozessen verhaftet und werden kräftig durchgeschüttelt von den Stürmen der Wandlung.

Dieses Buch schenkt uns eine Fülle von heilenden Ritualen, kraftvollen mentalen Übungen und transformierenden Meditationen, die uns den Weg durch die Zeitenwende leicht und freudvoll gestalten. Wir lernen, unsere Persönlichkeit in die Meisterschaft zu bringen und unserem Körper auf besondere Weise neu zu vertrauen. Das Geschenk, das wir dadurch erhalten, ist die »neue Erde«, die wir mit allen anderen Menschen durch unsere konstruktiven Gedanken und Gefühle und ein liebevolles Handeln mitgestalten dürfen.

Michaela Fischer

Bewusstseins-Wandel
Mit Freude und Leichtigkeit in die nächste Dimension
Übungsbuch für Lichtarbeiter

Schirner
Verlag

ISBN 978-3-89767-933-7

Michaela Fischer:
Bewusstseins-Wandel
Mit Freude und Leichtigkeit in die nächste Dimension
Übungsbuch für Lichtarbeiter
Copyright © 2010
Schirner Verlag, Darmstadt

Umschlag: Murat Karaçay, Schirner,
unter Verwendung des Bildes Nr. 16829050,
www.fotolia.de
Fotografien: siehe Abbildungsverzeichnis
Redaktion: Katja Hiller, Schirner
Satz: Annette Wagner und Sebastian Carl, Amerang
Printed by FINIDR, Czech Republc

www.schirner.com

1. Auflage 2010

Inhalt

Inhalt

Inhalt

Vorwort

Wenn Sie, lieber Leser oder liebe Leserin, dieses Buch in den Händen halten, sind Sie einer der »Erden-Engel«, für die ich dieses Buch geschrieben habe. »Erden-Engel« sind Menschen, die auf den wunderschönen Planeten Erde gekommen sind, um ihr inneres Licht leuchten zu lassen und so den Weg für alle anderen Menschen zu erhellen. Diese Lichtarbeiter sind mit dem Himmel und der Erde aufs Innigste verbunden. Sie bestärken die anderen Menschen in ihrem Umfeld darin, auch ihr Licht zu entzünden und sich an ihr himmlisches Erbe zu erinnern.

Es gibt eine Sehnsucht im Herzen, die so stark ist, dass diejenigen, die sie spüren, nicht anders können als ihr zu folgen. Sie ist der Wunsch nach Wiedervereinigung mit dem freudvollen, liebevollen und wahrhaftigen göttlichen Wesen, das jeder von uns in Wirklichkeit ist. Das Bedürfnis nach Leichtigkeit, Authentizität und innerem Frieden entspricht unserer wahren Natur. Doch oft legt sich die Schwere und Dichte unseres menschlichen Daseins wie ein Kokon um unsere lichte Gestalt. Wir nähren uns dann verzweifelt von dem, was uns die Jahrtausende alten Denkstrukturen des menschlichen Kollektivs hinterlassen haben – doch das macht uns nicht nachhaltig satt und glücklich.

Wir haben das große Glück, bei etwas dabei sein zu dürfen, was die Welt so noch nie erlebt hat: beim Dimensionswechsel, der eine globale Transformation der Erde und all ihrer Bewohner hervorruft. Er ist für alle Beteiligten eine enorme Herausforderung, die sich auf unser gesamtes Fünf-Körper-System auswirkt. Dies spüren wir vor allem auf der physischen und emotionalen Ebene.

Die Unterstützung »von oben« und »von unten« ist uns dabei immer gewiss. Das Bewusstsein, dass wir uns zwischen Vater Himmel und Mutter Erde bewegen und beide »Eltern« stets für uns sorgen, ist ein Geschenk, das wir gerne annehmen sollten.

Zum Zeitpunkt der Neugeburt werden alle Lichtarbeiter dringend von Mutter Erde gebraucht, um den Menschen, die noch in alten Denk- und Gefühlsmustern verhaftet sind und vielleicht gar nicht wissen, warum plötzlich alles Vertraute um sie herum zusammenbricht, den Weg zu erleuchten. Diese Menschen haben Angst, sind verunsichert oder sehen vielleicht keine positive Perspektive für ihr Leben. Viele von ihnen versinken in tiefe Depressionen oder geraten außer sich vor Wut.

Es ist eine Gnade, über die Transformation der Erde und ihrer Bewohner informiert zu sein und die enge Verbindung zur Geistigen Welt immer zu spüren. So können wir viel ruhiger und gelassener in all dem Chaos um uns herum leben.

Ich halte es für unverzichtbar, spirituelle Inhalte mit der entsprechenden Praxis zu verbinden, denn was nützt all die »Erleuchtung«, wenn man sie im Alltag nicht lebt? Doch das soll mit Freude und Leichtigkeit geschehen, deshalb finden Sie in diesem Buch viele einfache Übungen und Meditationen, die Sie leicht in Ihren Alltag integrieren können. Sie werden auch einigen Ritualen begegnen. Ich möchte Sie dazu ermuntern, auch sie auszuprobieren, vielleicht mit Ihrer Gruppe, falls Sie selbst Seminare leiten, aber auch, wenn Sie mit Ihren Seelenfreunden einen besonderen Abend gestalten wollen. Mir liegen Rituale sehr am Herzen, weil sie die Menschen zutiefst im Innersten berühren und die persönliche spirituelle Entwicklung auf kraftvolle Weise unterstützen.

Ich fühle mich sehr mit den Hathoren verbunden. Diese intergalaktischen Wesen und Meister des Klangs lieben die Menschen und begleiten unsere »Reise« mit vielen wertvollen Hinweisen und Techniken sowie mit Mitgefühl, Verständnis und Humor. Ich bin sehr glücklich und dankbar, viele schöne Übungen von ihnen erhalten zu haben, die ich jetzt an Sie weitergeben möchte. Erlauben Sie mir bitte, Sie auf den nun folgenden Seiten zu duzen, denn als »Erden-Engel« sind wir alle eins!

NAMASTE!

Einleitung

Als die Venusierin Omnec Onec (»Ich kam von der Venus«) nach einer weiten Reise aus ätherischen Gefilden ihren physischen Körper auf der Erde »übernahm«, fühlte sie sich, als hätte sie eine bleischwere Ritterrüstung angezogen.[1] Dieser Eindruck entspricht genau dem, wie viele Menschen heute ihr Körpergefühl beschreiben, wenn sie sich im Prozess der Schwingungserhöhung befinden und ihre menschliche Hülle in seiner Dichte und Schwerfälligkeit ihrer geistigen Entwicklung nicht folgen kann. Außerdem spüren wir alle die Anziehungskraft von Mutter Erde und auch die Anstrengung ihres eigenen Wechsels in eine neue Dimension. Uns sollte zudem bewusst sein, dass wir immer auch vom Kollektiv beeinflusst werden und einen Teil der Transformationsarbeit für die gesamte Menschheit übernehmen. Wir transformieren Elementale, also Gedanken und Gefühlsmuster von Angst, Gier, Neid, Konkurrenzdenken, Depression, Wut, Aggression oder Unzufriedenheit von anderen Menschen, in Licht, Liebe oder Frieden.

Es gibt aber auch Momente, in denen wir uns ganz leicht und beschwingt fühlen. Voller Vertrauen sind wir dann verbunden mit den Wesen des Lichts, angeschlossen an die sprudelnde Quelle der Schöpfung. In diesen Zeiten schiebt sich der Schleier des Vergessens beiseite und wir erleben die göttliche Natur in uns.

Dann baden wir in der Energie von Vater Himmel, der immer Vater-Mutter-Gott in einem ist, also die männlichen und die nährenden, weiblichen Qualitäten in sich vereint hat.

Wir alle sind Wesen zwischen den Welten, »Erden-Engel« eben, immer zugleich verbunden mit beiden Kräften, den himmlischen und den irdischen. Es ist nicht immer leicht, sich als »engelsgleich« oder »göttlich« anzuerkennen, besonders dann nicht, wenn die eigenen Schattenseiten ans Tageslicht drängen und das Ego sich wie eine Gewitterwolke auftürmt. Dann sehen wir nur unsere Fehler und Unzulänglichkeiten, fühlen uns als »spirituelle Tiefflieger« und als hätten wir nichts gelernt in den letzten Jahren – dabei haben wir doch so gelitten!
Es ist erstaunlich, dass sehr oft gerade die Lichtarbeiter und die Heiler das geringste Selbstwertgefühl haben, und das, obwohl sie so viel Wundervolles für die Erde und ihre Bewohner tun.

Es ist höchste Zeit, dass wir Lichtarbeiter nun endlich unseren Platz auf einem reich geschmückten goldenen Thron einnehmen. Ich möchte auch dich von ganzem Herzen dazu einladen, denn ohne dich würde uns ein wertvoller Edelstein im großen Mosaik des Lebens fehlen.

Mit Haut und Haaren
ein Erden-Engel sein

Hast du dich als Kind nie wirklich dazugehörig gefühlt, wenn sich deine Schulkameraden trafen? Standest du vielleicht ein bisschen einsam und verloren herum und hättest doch so gerne dazugehört? Waren dir später Vereine und Klubs ein Gräuel? Meidest du auch heute große Menschenansammlungen, ohne dabei arrogant oder überheblich zu sein? Kannst du gut mit dir allein sein, ohne dabei Langeweile zu empfinden? Kommt dir all das bekannt vor?

Erst jetzt, wo du einen Weg gefunden hast, der direkt zu dir führt, zu deiner eigenen Wahrhaftigkeit, entdeckst du, dass es Menschen gibt, die dir sehr ähnlich sind, mit denen du in harmonischer Resonanz schwingst und die in dir endlich ein »Wir-Gefühl« entstehen lassen. Dich hat möglicherweise all die Jahre etwas begleitet, was man vielleicht als »Heimatlosigkeit« bezeichnen könnte. Bisher konntest du dich nicht voller Vertrauen in die Arme von Mutter Erde fallen lassen.

Viele Menschen, die ursprünglich von andere Planeten z. B. der Venus oder von Sternen wie den Plejaden, dem Sirius oder Arkturus stammen, haben schon etliche Inkarnationen auf der Erde erlebt. Manche sind sogar »Sternensplitter«, d. h., ihre Heimat ist eine Anzahl unterschiedlicher Sterne. Weil wir auf dem Planeten Erde alle »Erdlinge« sind und uns entschieden haben, auf der Erde zu sein und hier unseren »Dienst« zu verrichten, sollten wir uns auch daran erinnern, dass wir immer mit der Erde verbunden sind – selbst dann noch, wenn wir uns in anderen Bewusstseinzuständen befinden.

Unsere Verbindung zu Mutter Erde spielt sich auf sichtbarer und unsichtbarer Ebene ab: Die Erde nährt uns durch ihre Früchte, aber auch durch ihre Liebe. Gleichzeitig strahlt eine unbeschreibliche Lebenskraft aus dem Kristall in ihrem Mittelpunkt und aus allem Lebendigen auf ihrer Oberfläche. Nicht nur Menschen, Tiere und Pflanzen, sondern ALLES, jeder Stein, jedes Sandkorn und jeder Wassertropfen könnte seine eigene Lebensgeschichte erzählen und wird von seiner ganz eigenen Kraft durchströmt.

Die Entscheidung der Seele, die Menschwerdung auf der Erde anzunehmen, ist ein Akt tiefster Liebe, Hingabe und unendlichen Vertrauens. Doch vor unserer Geburt legt sich der Schleier des Vergessens über uns, sodass es uns so schwerfällt, diese Gefühle auch in der Dichte und Schwere auf der Erde wahrzunehmen. Wir alle sollten gerne hier auf Erden sind und uns auch von ihr willkommen fühlen. Denn in diesen herausfordernden Zeiten ist es besonders wichtig, zu unserer Seelenentscheidung zu stehen und in unseren Körper zu schlüpfen wie in eine zweite Haut. Wir sollten unsere Aufgabe und unsere Meisterschaft annehmen, deretwegen wir inkarniert haben. Wenn wir dies tun, dann signalisieren wir der Geistigen Welt unsere Bereitschaft und brauchen nur noch unsere Arme und Herzen zu öffnen und unsere Berufung in Empfang zu nehmen.

Ritual:

Die Meisterschaft auf der Erde annehmen

Dieses Ritual hilft dir dabei, aus vollem Herzen für deine Entscheidung, hier auf der Erde zu sein, Verantwortung zu übernehmen.

Anleitung:

Das Ritual kann von einer Person durchgeführt werden. Wenn es in einer Gruppe gemacht wird, ist die Energie allerdings stärker. Du kannst es in einem Raum machen oder draußen in der Natur, das ist natürlich am schönsten.

Für ein Gruppenritual
◆ Ihr benötigt: ein schönes Tuch aus Seide oder Samt in erdigen Farben oder eine flache Schale mit Erde (wenn das Ritual in einem Raum stattfindet),
◆ pro Teilnehmer ein Teelicht mit Halter,
◆ ein Feuerzeug,
◆ einen goldenen Teller oder ein Körbchen mit verschiedenen Edelsteinen und Kristallen, z. B. Bergkristall, Jaspis, Hämatit, Calcit, Sodalith, Amethyst oder Rosenquarz,
◆ den Text mit der nachfolgenden Intentionserklärung, und wenn ihr wollt,
◆ eine schöne Meditationsmusik.
◆ Bitte wascht die Steine vor dem Ritual unter fließendem Wasser ab, und legt sie zur Aufladung in die Sonne (Bergkristall, Rosenquarz, Hämatit, Jaspis, Calcit) oder ins Mondlicht (Amethyst, Sodalith).

Wenn ihr euch in einem Raum befindet, dann breitet das schöne Tuch in der Raummitte aus, oder stellt die Schale mit der Erde bereit. Beides symbolisiert die Energie von Mutter Erde. Wenn ihr das Ritual in der Natur macht, sucht euch einen kraftvollen Platz, etwa unter einem großen Baum oder auf einer Lichtung.

Nehmt euch an den Händen, öffnet euer Kronenchakra, und lasst weißgoldenes Licht aus der göttlichen Quelle in euch einströmen. Nehmt es in eure Herzen auf, füllt es mit eurer Liebe, und sendet es in das rubinrote Herz von Mutter Erde.

Bildet einen Lichtkreis, indem ihr euch vorstellt, dass das Licht aus eurer rechten Hand in die linke Hand eures rechten Nachbarn fließt.
(Wenn du allein bist, lasse den Lichtkreis um deinen Ritualplatz entstehen.)

Sucht euch nun nacheinander intuitiv einen Stein aus. Nehmt ihn in die Hand, und sprecht die folgende Intentionserklärung laut aus:

»Ich (Name) lasse alle alten Schwüre und Gelübde los, die mich an das Getrenntsein von Gott, an die Armut, an die Keuschheit, an den Gehorsam, an die Schuld und an alle anderen Denkmuster der alten Energie binden.

Ich bin aus ganzem Herzen bereit, meine Meisterschaft auf der Erde anzunehmen – zu meinem Wohl, zum Wohle der Menschheit und des gesamten Universums.
Ich nehme mein Recht in Anspruch, jederzeit Frieden, Wohlstand, liebevolle Beziehungen, Gesundheit und Freude in mein Leben einzuladen.

Ich bin gern hier auf der Erde.
So sei es.«

Legt nun euren Stein bewusst auf die Erde, das Tuch oder in die Schale, und verankert die Energie. Nehmt anschließend euer Teelicht, zündet es an, und sprecht:

»Ich gebe mein Licht in die Welt.«

Vergesst nicht, den Lichtkreis wieder aufzulösen. Bedankt euch auch bei allen Helfern aus der Geistigen Welt und bei den Elementen. Lasst eure Teelichter dann zu Hause abbrennen, und seid euch eurer Kraft bewusst.

»Ich gebe mein Licht in die Welt.«

Übung:
Sich mit Himmel und Erde verbinden

Anleitung:

Atme tief ein und aus, bis sich das Gefühl des Friedens in dir ausbreitet.

Lege deine Hände auf den Bauch, und stelle dir eine goldene Kugel vor, die in deinem Bauch rotiert. Lasse diese Kugel wachsen. Spüre, wie sie sich ausdehnt und leuchtend hell strahlt.

Sende nun einen Strahl aus der goldenen Kugel direkt in den Mittelpunkt der Erde. Stelle dir vor, dass Mutter Erde dich durch diesen Strahl mit ihrer Kraft nährt.

Sende einen weiteren Strahl aus der Kugel hinauf in den Himmel, weit ins Universum hinein, und nimm wahr, wie auch die Energien von Vater Himmel dich stärken und nähren.

Spüre dann, wie sich die beiden Kräfte in deiner goldenen Kugel treffen und sie sich noch weiter ausdehnen.

Lasse die Kugel hinauf in dein Herz wandern, und fühle die Anbindung an Mutter Erde und Vater Himmel.

Sich erden

Anzeichen einer mangelnden Erdung sind beispielsweise: das Gefühl, wie auf Watte zu gehen oder abgehoben zu sein, ein blockiertes Wurzelchakra, aber auch das Unvermögen, in finanzieller Fülle zu leben. Wer sich immer wieder an den Beinen und Füßen verletzt, nur um sie zu spüren, ist ebenfalls unzureichend geerdet. Oft empfinden wir in diesem Zustand eine heftige Abneigung oder zumindest einen Widerstand gegen alle Maßnahmen, die unsere Anbindung an Mutter Erde unterstützen.

Wenn wir jedoch gut geerdet sind, fühlen wir eine tiefe Liebe zu unserem Heimatplaneten, sind gern in der Natur und mögen vielleicht auch Gartenarbeit. Wir bleiben in chaotischen Situationen ruhig und gelassen, sind selbstbewusst, sorgen gut für uns und Balanceübungen gelingen uns dann mühelos.

Auch wenn wir meditieren, energetisch arbeiten, uns einer feinstofflichen Heilbehandlung unterziehen oder ein Ritual zelebrieren, ist es wichtig, dass wir uns zentrieren. Hierzu sollten wir fest mit der Erde verankert bleiben. Um die Energie auf einer materiellen Ebene zu binden und dabei das Gewünschte, zum Beispiel Heilung, zu manifestieren, brauchen wir eine gute Erdung.

Wenn wir die Energie der Erde »anzapfen«, entspricht es dem Gesetz des Ausgleichs der Energie, dass wir sie wieder an Mutter Erde zurückgeben, etwa durch das Auflegen der Hände auf den Boden. Wir können sie auch »materiell« zurückgeben, indem wir beispielsweise unsere Blumen im Garten mit Wasser gießen, das wir vorher gesegnet oder mit dem Wort »Danke« oder »Liebe« informiert haben. Eine andere Möglichkeit ist,

der Erde etwas Honig zu übergeben. Sich zu erden bedeutet also immer auch, neue, frische Erdenergie aufzunehmen und alte, verbrauchte Energie abzugeben. Wenn wir mit sehr hoch schwingenden Energien arbeiten und unser Körper diesen hohen Frequenzen noch nicht angepasst ist, dann fühlen wir uns oft schwindlig, uns ist übel oder wir leiden unter Kopfschmerzen und Beeinträchtigungen unserer Sinneswahrnehmungen.

Sollten diese Symptome auftreten, ist es wichtig, sich zu erden. Dabei kann es uns helfen:

◆ **die Hände auf den Boden zu legen,**
◆ **das »Holon der Ausgewogenheit und Stabilität« aufzubauen, das Tom Kenyon von den Hathoren empfangen hat (Du findest es in meinem Buch »Yoga der Neuen Energie – Im Einklang mit den Elementen«[2] oder auf der Website von Tom Kenyon.),**
◆ **Spiralen aus der Wirbelsäule in den Mittelpunkt der Erde entstehen zu lassen,**
◆ **Wurzeln aus den Füßen wachsen zu lassen, bis tief in die Erde hinein, um Erdenergie aufzunehmen, alte Energie abzugeben und sich bei Mutter Erde zu bedanken,**
◆ **besonders »Erdiges« wie Kartoffeln, Fleisch, Vollkornbrot, Wurzelgemüse, Nudeln, Gemüsesuppen, aber auch Schokolade zu essen,**
◆ **in die Hände zu klatschen, um Energie zu zerstäuben oder**
◆ **sich zu schütteln.**

Ritual:
Von der Erde gehalten sein

Alle Teilnehmer werden durch dieses Ritual das Gefühl von Sicherheit und Geborgenheit verspüren. Sie fühlen sich danach angenommen und sind tief vereint mit Mutter Erde.

Anleitung:

Um dieses Ritual durchzuführen, sollte sich eine Gruppe von mindestens fünf Personen zusammenfinden.

Eine Person legt sich auf den Rücken und bittet darum, dass eine andere Person an ihrem Kopfende sitzt. Diese zweite Person hält den Kopf der Liegenden in ihren Händen.

Zwei weitere Personen sitzen an den Seiten des Körpers. Sie halten die Hände der liegenden Person oder schieben sie unter ihre Nieren. Das fördert Vertrauen und Gelassenheit.

Die vierte Person legt ihre Hände auf die Fußsohlen der liegenden Person.

Verbindet euch nun mit der Energie von Mutter Erde und sprecht die folgenden Sätze laut aus:

»Geliebte Mutter Erde, ich verbinde mich nun mit meinem ganzen Sein mit deiner Kraft und Liebe. Bitte lasse die Energie von Sicherheit, Geborgenheit und weiblicher Urkraft verstärkt in mich einfließen. Danke.«

Lasst nun die liebevolle, starke Kraft von Gaia in euch selbst und in die liegende Person hineinfließen. Genießt es!

Ich mag es sehr, bei diesem Ritual alte schamanische Lieder zu singen, z. B. »The river is flowing«:

The river is flowing, flowing and growing
The river is flowing back to the sea
Mother earth is carrying me
Her child I will always be
Mother earth is carrying me
Back to the sea

Die Erdungsspirale »Aris«

Solltest du das Bedürfnis nach einer schnellen Erdung haben, kann das Kristallsymbol »Aris« eine wirksame Hilfe sein. Dieses wunderbare Symbol stammt aus den »Kristallen aus der Wirklichkeit« der »Kryonschule«.[3] Das Channelmedium Sabine Sangitar hat diesen Schatz »gehoben«, und er besitzt in der Tat ganz starke Erdungskräfte. Diese Übung hilft dir, schnell in deine Mitte zu kommen und dich wieder »ganz« und gut angebunden an »oben« und »unten« zu fühlen. Ein angenehmer Nebeneffekt ist, dass die Füße schön warm werden.

Anleitung:

Male das Kristallsymbol auf zwei Blätter Papier, und stelle immer dann, wenn du dich abgehoben oder wie in Watte gepackt fühlst oder dir schwindlig ist, deine Füße für eine Weile auf die Spiralen. Jeder Fuß sollte auf einer Spirale stehen. Du wirst merken, wie du schnell wieder hier auf der Erde landest. Du kannst dir das Symbol auch auf die Fußsohlen malen.

Dem Körper
neu vertrauen lernen

m Lichtkörperprozess, der in der aktuellen Literatur von Tashira Tachi-ren[4] und Reindjen Anselmi[5] in zwölf Stufen beschrieben wird, finden Veränderungen statt, die ich dir im nachfolgenden Kapitel eingehender beschreibe. Unsere DNS-Muster verändern sich während dieses Prozesses ebenso wie unsere Chakren. Die Meisterdrüsen, wie z. B. die Zirbeldrüse und die Hypophyse, wachsen und das Leistungspotenzial unseres Gehirns wird aktiviert, da sich sämtliche neurochemische, -biologische und -physiologische Prozesse verändern. Unser Körper hat in den letzten Jahren eine massive Neuausrichtung erfahren und erfährt sie noch weiterhin, so passt er sich energetisch an die Schwingungserhöhung des Planeten an. Dies ist die Voraussetzung dafür, all das Licht in den Zellen verstoffwechseln zu können.

Ich bin davon überzeugt, dass aufgrund dieser physischen und feinstofflichen Prozesse auch ein Umdenken zur Gesunderhaltung unseres Körpers erforderlich ist. Es kommt darauf an, zu fühlen, was unser Körper in dieser so ungewöhnlichen und langanhaltenden Stresssituation wirklich braucht, anstatt alten Lehrmeinungen über gesunde Ernährung, Sport oder Bewegung zu folgen.

Bei vielen Menschen hat sich z. B. das Essverhalten komplett verändert. Sie essen weniger als früher, Vegetarier bekommen plötzlich Lust auf Fleisch, oder Fleischesser werden zu Vegetariern. Bei vielen Menschen hat das Bedürfnis nach Schokolade oder generell nach kohlenhydratreichen Speisen zugenommen. All das darf auch in Maßen sein, denn Süßigkeiten erden, wenn wir mit hoch schwingenden Energien arbeiten. Es ist wichtig, dem Körper zu vertrauen. Er weiß, was er braucht, und teilt uns dies auf seine Weise mit.

Bei sehr vielen Menschen, die ihre Schwingung bereits erhöht haben, spielt auch das Essverhalten verrückt: Dies reicht von plötzlichen, unkontrollierten Fressattacken bis hin zu ungeplantem Fasten, bei dem die Nahrungsaufnahme buchstäblich »vergessen« wird, weil kein Hungergefühl wahrgenommen wird. Möglicherweise wird der Körper in dieser Zeit ausreichend mit Licht versorgt und benötigt keine grobstoffliche Nahrung.

Viele Frauen in meinen Kursen klagen in den letzten Jahren über Fettansammlungen, besonders am Bauch. Wir haben dieses Phänomen liebevoll »Buddha-Bauch« genannt. Dieser »Panzer« aus Fett bildet sich oft als erdender Ausgleich zur Schwingungserhöhung. Offensichtlich brauchen ihn manche Frauen, um sich in ihrer Körperlichkeit zu spüren, auch wenn sie sich bereits immer öfter als Engel-Wesen wahrnehmen. Eine Diät ist in solchen Fällen völlig sinnlos, denn der Körper verändert sich mit zunehmender spiritueller Bewusstheit auch äußerlich, und so wird der Bauch mit Sicherheit wieder von allein flacher.

Disziplin ist etwas sehr Wichtiges auf unserem spirituellen Weg, weil sie uns Struktur und Halt gibt und weil wir ohne sie vielleicht schnell aufgeben und uns so um die Erfahrung des Erfolgs bringen würden. Wenn wir uns in Diäten immer wieder genau die Nahrungsmittel versagen, nach denen es uns gelüstet, bringen wir uns um Freude und Genuss. Wir essen sie dann mit schlechtem Gewissen und mit Ängsten, nähren diese Gefühle mit unseren negativen Gedanken und schaden uns so auf mannigfache Weise.

Während meines Studiums in Freiburg war ich oft im Schwarzwald unterwegs, um die verschiedenen Variationen der Schwarzwälder Kirschtorte zu probieren. Auch heute noch gönne ich mir gerne ein Stückchen davon. Nun weiß ich wohl, dass diese Torten sehr sahnig sind und mich meiner Traumfigur nicht gerade näherbringen. Außerdem enthalten sie Kirschwasser, und man weiß, dass Alkohol nicht nur der Leber schadet, sondern auch die feinstofflichen Kanäle blockiert. Die Kirschen sind wahrscheinlich nicht aus biologischem Anbau, sondern gespritzt – und alles in allem ist eine Schwarzwälder Kirschtorte ein wahres Säure-Desaster. Es gibt also viele Gründe, kein Stück dieser köstlichen Torte zu essen, und doch aß und esse ich sie mit dem allergrößten Vergnügen. Ich habe so gute Gedanken und Gefühle und empfinde geschmackliche Sinnesfreuden dabei, dass ich mich voller Dankbarkeit daran erinnere, wie gut es mir doch geht.

Auch beim Sport sollten wir wieder stärker auf unseren Körper hören. Es gibt Zeiten, in denen drängt es uns in die Natur, um die Heilkraft der Elemente zu nutzen. Wir wollen uns durch schnelles Laufen oder Walken spüren, als Menschen in einem physischen Körper. Dann gibt es Zeiten, in denen ist Nichtstun auf dem Sofa angesagt, viel schlafen oder die Decke über den Kopf ziehen. In diesen Zeiten darf man auch einmal traurig sein.

Wir verlangen unserem Körper enorm viel ab: Er muss funktionieren, als wäre er unser Sklave. Wir zwingen ihm einen Lebensrhythmus auf, der ihn viel Kraft kostet. So scheinen z. B. Schlaflosigkeit oder stundenlanges Wachliegen und Grübeln zwischen 3 und 5 Uhr nachts mittlerweile ein kollektives Problem zu sein. Viele Menschen schlafen erst gegen Morgen wieder ein, kurz bevor sie aufstehen müssen, um rechtzeitig bei der Arbeit zu sein.

Unser Körper ist der Tempel unserer Seele, und ihm sollte die größte Wertschätzung, Liebe und vor allem Dankbarkeit gebühren. Wir können ihn wieder zu unserem Vertrauten machen, wenn wir lernen, seine Bedürfnisse wahrzunehmen. Dies erfordert allerdings regelmäßiges Üben.

Die Bedürfnisse des Körpers wahrnehmen

◆ Bevor du ein bestimmtes Nahrungsmittel isst oder einkaufst, denke an es, und nimm wahr, welche energetischen Empfindungen es in dir auslöst. Fühlt es sich schwer und nach unten ziehend oder leicht und erhebend an?

◆ Fühle während jeder Mahlzeit in dich hinein, ob dir das Essen schmeckt und wie es dir bekommt. Dazu musst du Achtsamkeit aufbringen: Wenn du isst, dann iss, und mache nebenbei keine anderen Sachen, wie z. B. lesen oder am Computer arbeiten.

◆ Mit Sport und Bewegung verhält es sich ebenso: Wie fühlst du dich bei und nach dem Sport? Finde heraus, welche Sportart deinem Körper guttut. Lasse dich nicht von Modetrends oder den Eitelkeiten deines Egos dazu verleiten, Kurse zu belegen oder Übungen zu machen, die vielleicht deine Kondition verbessern, aber Rückenschmerzen verursachen. Was macht dir wirklich Freude? Was fühlt sich leicht an? Bei welcher Tätigkeit fühlst du dich mit deinem Körper am innigsten verbunden? Beim Yoga, Qigong, Salsa-Tanz oder Joggen?

◆ Spüre, wann du wirklich Ruhe brauchst. Was tut dir gut? Fühlst du dich heute besser dabei, ein warmes Bad zu nehmen oder den Bauch-Beine-Po-Kurs zu besuchen? Zu meditieren oder fernzusehen? Spazieren zu gehen oder lieber im Lotossitz eine spirituelle Übung zu machen?

◆ Denke daran: Alles hat seine Zeit. Dein Körper lässt dich spüren, wie du deine Zeit am sinnvollsten und sinnlichsten nutzen kannst.

Meditation:
»Danke« an den Körper

Lege oder setze dich auf eine Unterlage. Atme tief ein, spanne alle Muskeln deines Körpers an, und lasse die Anspannung mit einem tiefen Ausatmen los. Nimm noch ein paar lange und tiefe Atemzüge, und fühle deinen Körper auf der Unterlage.

Erlaube dir, hier und jetzt loszulassen. Beim Einatmen nimmst du frische Energie in dich auf, und beim Ausatmen lässt du alte, verbrauchte Energie los. Sende diese Energie bis in die Fingerspitzen und hinunter in die Zehen, und spüre dich in deiner Lebendigkeit. Vielleicht nimmst du deinen Herzschlag wahr oder auch die Wärme oder Kühle deiner Haut. Spüre deine Muskeln. Sind sie locker oder verspannt? Wenn du Verspannungen wahrnimmst, dann atme bewusst einen Atemzug voller Liebe in diese Stelle hinein. Nimm dich noch einmal bewusst wahr, in der Schwere deines physischen Körpers, in deiner Begrenztheit und auf deiner Unterlage.

Stelle dir nun vor, wie du vor einem großen Spiegel stehst. Öffne in Gedanken deine Augen, und sieh dich nackt und aufrecht stehend im Spiegel, so, wie du dich mit deinen physischen Augen sehen kannst. Wie nimmst du dich wahr? Betrachte dich, und achte dabei auf deine Gedanken und Gefühle. Was geht in dir vor,

wenn du dich so siehst? Magst du dich? Empfindest du positive und liebevolle Gefühle? Kannst du dich so annehmen, wie du bist? Oder springen dir nur all deine scheinbaren körperlichen Makel ins Auge? Nimmst du die Zeichen des Alterns wahr? Was lösen sie in dir aus? Kannst du dich überhaupt betrachten, oder möchtest du lieber wegschauen?

Nun sprich zu deinem Körper wie zu einem lieben Freund, bei dem du dich für alles, was er für dich getan hat, bedanken willst:

»Lieber Körper,
du bist nun … Jahre alt, und wir haben schon viel miteinander erlebt. Ich bin durch dick und dünn mit dir gegangen, durch Krankheit, Sorge und Stress. Wir haben Kinder auf die Welt gebracht und genährt, wir haben Liebe und Sexualität erlebt, Freude und Glückseligkeit. Doch ich habe dich und deine Bedürfnisse oft sehr vernachlässigt. Ich habe uns keine Ruhe und keine Pausen gegönnt. Ich habe Schmerzen ignoriert und andere Zeichen von Krankheit und Erschöpfung. Möglicherweise habe ich dir Maßnahmen auferlegt, die von meinem

Verstand stammen oder aus den Denkmustern der alten Energie.

Bitte vergib mir, wenn ich dir Nahrungsmitteln gegeben habe, auf die ich keinen Appetit hatte, nur weil sie als gesund gelten, oder wenn ich dir Fleisch verweigert habe, obwohl ich großen Appetit darauf hatte, nur um dem Bild des ›erleuchteten Vegetariers‹ zu entsprechen. Vergib mir, wenn ich dir Bewegung abgerungen habe, obwohl ich mich lieber auf dem Sofa ausgeruht hätte, wenn ich Sex zugelassen habe, obwohl ich keine Lust darauf hatte.

Vergib mir auch, wenn ich dich krank oder erschöpft zur Arbeit geschleppt habe, nur um den Erwartungen meines Chefs und denen meiner Kollegen zu entsprechen.

Vergib mir, dass ich so fremdbestimmt, ängstlich und lieblos dir gegenüber war.

Lieber Körper, ich danke dir, dass du trotzdem noch so perfekt funktionierst und dass du mein heiliger Tempel bist.

Danke für alle Zeichen, die du mir schickst, sollte ich dich wieder einmal vergessen haben.

Danke auch für deine Weisheit und dass du mich immer daran erinnerst, dass ich mein eigener Heiler/eigene Heilerin bin und Schöpfer/Schöpferin meiner physischen Realität.

Danke, dass ich dir vertrauen kann, weil du mir zeigst, was du wirklich brauchst, selbst wenn dies allen Lehren über gesunde Ernährung, Sport und Bewegung widerspricht.

Ich bin bereit, dich anzunehmen, hier und jetzt, als perfektes Gewand meiner Seele.
Danke!«

Stelle dir nun vor, wie goldenes Licht dein Spiegelbild durchflutet und deinen Körper völlig darin einhüllt.

»Ich bin bereit, dich anzunehmen, hier und jetzt, als perfektes Gewand meiner Seele.«

Der Lichtkörperprozess

Durch die immer höher werdende Schwingung unseres Planeten Erde in den letzten 20 Jahren hat sich auch unsere menschliche Schwingungsfrequenz erhöht. Eine Folge dieser Entwicklung ist, dass immer mehr Menschen ihr Herzchakra öffnen und aus dem Herzen heraus denken, fühlen und handeln.

Die Entwicklung des Lichtkörpers ist ein Erleuchtungs- und Rückverbindungsprozess, der auf körperlicher, emotionaler und spiritueller Ebene stattfindet, eine höchst komplizierte Angelegenheit also, die große Veränderungen in unserer Biochemie und unserem Nervensystem auslöst.

Unsere drei unteren Chakren werden dabei aktiviert, sodass die ursprüngliche Harmonie wiederhergestellt wird. Dies bedeutet: Unser Wurzelchakra verbindet uns wieder mit der Liebe zu Mutter Erde, mit Fülle und Wohlstand auf allen Ebenen und zum Wohle aller.

Unser Sakralchakra, das von allen emotionalen Wunden geheilt ist, lässt uns wieder unser kreatives Schöpferpotenzial nutzen und genießen. Es unterstützt uns darin, eine neue und erfüllende Sexualität zu leben, die auf tiefster gegenseitiger Liebe und Wertschätzung beruht.

Unser Solarplexuschakra macht uns bewusst, welche enorme Macht wir als Schöpfer haben und wie wir verantwortungsvoll mit ihr umgehen. Dann lassen wir Täter-Opfer-Spiele, Machtmissbrauch, Gier, Arroganz und durch das Ego bestimmtes Verhalten hinter uns. Wir erkennen uns als liebenden Teil des großen Ganzen an und erlauben anderen, ebenfalls ihre Größe und Schönheit zu leben.

Der Lichtkörperprozess führt dazu, dass sich unsere Chakren vom Herzzentrum aus vereinigen und ein starkes Lichtfeld um uns herum ausbilden.

Alle zwölf Stränge unserer feinstofflichen DNS werden wieder aktiviert, ebenso wie die wichtigsten Drüsen unseres Gehirns, z. B. die Hirnanhangdrüse und die Zirbeldrüse, durch kristallines Licht angeregt werden. Unser Nervensystem, und mit ihm unser Gehirn, wird dabei auf feinstoffliche Weise völlig neu vernetzt. Dieser Umbau im Gehirn kann Auswirkungen auf unser Hören und Sehen haben.

Im Verlauf der Entwicklung unseres Lichtkörpers nehmen wir allmählich wieder die perfekte göttliche Matrix an, die aus kristallinem Licht besteht. Diese Entwicklung verläuft in zwölf Stufen, die parallel zueinander stattfinden können. Nicht jeder Mensch wird sie abschließen, manche Seelen entscheiden sich auch, vorher die Erde zu verlassen. Wer an der Entwicklung, die auch als »Heilungs- oder Aufstiegskrise« bezeichnet wird, teilnimmt, kann auch unter den sogenannten Transformationssymptomen leiden. Dazu gehören zum Beispiel wiederkehrende Kopfschmerzen, Rücken-, Nacken- oder Muskelschmerzen, Wassereinlagerungen im Körper und die Unfähigkeit, Gewicht zu reduzieren. Auch grippeähnliche Symptome, Herzstolpern, chronische Müdigkeit, nächtliches Aufwachen immer um dieselbe Uhrzeit, Vergesslichkeit, hormonelle Störungen, Tinnitus, Sehstörungen oder Nervenschmerzen gehören dazu. Manche Menschen werden sogar von merkwürdigen Essgelüsten heimgesucht. Auch Depressionen, Gedächtnisstörungen und unerklärliche

Traurigkeit können auftreten. Hitzewellen wie in den Wechseljahren, aber auch ein Kältegefühl, das bis auf die Knochen reicht, werden geschildert. Viele Menschen sind sehr reizbar und wütend, und die Intensität ihrer Gefühle steht oft in keinem Verhältnis zum Anlass ihrer Ausbrüche steht.

Wir werden mit unseren schlimmsten Ängsten konfrontiert, mit alten Gelübden und Versprechen, uralten Wunden und emotionalen Traumata, die meist aus vergangenen Inkarnationen stammen. Dies geschieht so lange, bis wir sie aufgelöst haben. Je mehr Licht auf uns einströmt, desto mehr zeigen sich eben auch unsere Schatten.

Auf der Alltagsebene müssen wir während des Lichtkörperprozesses, oft auf schmerzhafte Weise, vieles loslassen: Beziehungen lösen sich auf, der Wohnort ändert sich, ungeliebte Jobs erledigen sich durch Kündigung von allein, Krankheiten, die wir durchleben, bringen uns in die »dunkle Nacht der Seele«, eine Zeit tiefster existenzieller Krise, die jedoch gnadenvolle Entwicklungsmöglichkeiten schenkt. Gleichzeitig spüren viele Menschen immer stärker das Bedürfnis, der Sehnsucht ihres Herzens folgen zu wollen.

Wir »entgiften« also auf allen Ebenen, befreien uns von körperlichen, mentalen und emotionalen »Schlacken«, die wir innerhalb unserer vielen Leben angesammelt und in unserer Zellmatrix gespeichert haben. Dieser Prozess kann für manche Menschen sehr schmerzhaft und langwierig sein.

Wenn wir uns von alten, einschränkenden Glaubensmustern befreit, Wissen in Weisheit verwandelt haben und zu heilenden Erkenntnissen gelangt sind, öffnet sich unser spirituelles Herzzentrum als unsere heilige »Mitte«, unser inneres Licht. Die Aktivierung der Herzensqualitäten Liebe, Mitgefühl, innerer Frieden und die Kraft, zu heilen und zu segnen, befreit unsere wahre göttliche Natur und bringt uns wieder zurück in unsere Essenz.

Wir sollten uns während unserer Aufstiegsphasen immer daran erinnern, dass wir das Licht der Schöpfung in unseren Zellen tragen und dass Gott auf diese Weise seine Signatur in uns hinterlassen hat. Wenn wir uns unserer Lichtkraft als immerwährende Präsenz bewusst sind, befinden wir uns in einem anhaltenden Selbstheilungsprozess, der uns den Dimensionswechsel erheblich erleichtern wird.

Meditation:
Harmonisierunrg des Fünf-Körper-Systems und des magentafarbenen Strahls

I. Physischer Körper

Nimm einen tiefen Atemzug, und lasse die Luft bewusst durch deine Nase einströmen. Dabei hebt sich dein Bauch und dehnt sich aus. Atme aus, und nimm wahr, wie dein Bauch wieder flach wird.

Stelle dir vor, dass du mit jedem Ausatmen sanft in den liebevollen Schoß von Mutter Erde sinkst, die dich sicher und geborgen trägt. Spüre dein Gewicht, die Schwere und die Festigkeit deines Körpers.

Nun bist du bereit, ganz loszulassen, dich hinzugeben und jeglichen Widerstand aufzugeben. So fühlst du auch, wie deine Muskeln weich werden und sich entspannen. Dort, wo du noch Spannungen, Verhärtungen und Verkrampfungen spürst, lenke nun deinen Atem hinein, und erlaube deinem Körper, auch an diesen Stellen loszulassen. Spüre, wie die Schultern und der Rücken automatisch nach unten sinken und auch der Bauch noch flacher und weicher wird.

Entspanne deinen Kiefer, indem du lächelst. Lasse deine Augenbrauen auseinandergleiten, so wird die Stirn glatt wie die Oberfläche eines Bergsees.

Spürst du, wie wundervoll leicht und schnell dein Körper auf das bewusste Atmen reagiert, wie tiefe Ruhe
und Frieden sich auch in deinen Organen ausbreiten
und wie regelmäßig dein Herz schlägt? Wenn du magst,
lege die Hände auf deine Leber, unterhalb des rechten
Rippenbogens, und bade sie in grünem Licht. Schenke ihr ein dankbares Lächeln für all die Arbeit, die sie
leistet, und sie wird dir mit Sanftheit und Gelassenheit
antworten, denn nach der chinesischen Medizin steht
die Leber für diese Gefühle, die dir helfen, in deiner
Mitte zu bleiben. Nimm den Frieden in dir wahr, und
lenke ihn überall in deinen Körper, wo du ihn brauchst.

2. Ätherischer Körper

Richte nun deine Aufmerksamkeit auf den Solarplexus,
und atme bewusst weiter. Stelle dir die große strahlende Sonne über dir vor, wie sie dich wärmt und belebt.
Auch sie hat einen ätherischen Körper, der sie wie ein
leuchtender Hof umgibt. Schaue nun mit deinem inneren Auge in die Sonne, und atme die Strahlen ihres
ätherischen Körpers in deinen Solarplexus hinein. Atme
die Strahlen ganz bewusst in den ätherischen Körper,
der nur wenige Zentimeter von deiner Haut entfernt ist.
Mache dies so lange, bis du dich ganz gesättigt und
lebendig fühlst.

3. Emotionaler Körper

Richte deine Aufmerksamkeit nun auf dein spirituelles Herzzentrum in der Mitte des Brustbeins. Mit jedem Atemzug öffnet sich dein Herzchakra weiter, und du nimmst ein strahlendes Leuchten in den Farben Grün, Gold und Rosa wahr. Dieses Leuchten dehnt sich immer weiter aus und erfüllt bald deinen gesamten Brustraum. Freude und Leichtigkeit breiten sich in dir aus, und alles, was an Leid und Schmerz in deinem emotionalen Körper gespeichert ist, darf nun heilen.

Bedingungslose Liebe und Mitgefühl für dich selbst und die gesamte Schöpfung durchfluten dein Sein, strömen ins Außen und legen sich über die Erde wie ein Vlies aus grüner, goldener und rosafarbener Energie. So gibst du dein Geschenk der Heilung in die Welt. Tiefer innerer Frieden und Dankbarkeit erfüllen dich, und du atmest lang und tief.

4. Mentaler Körper

Du fühlst dich wohl und bist entspannt. Spüre deinen Kopf, und fühle, wie schwer oder leicht er auf der Unterlage, auf der du dich befindest, liegt. Lasse deine Augenbrauen auseinandergleiten, deine Stirn wird dadurch glatt wie die Oberfläche eines Bergsees.

Lasse deine Gedanken in dein Bewusstsein hinein- und auch wieder herausschweben. Stelle dir nach jedem Gedanken die Farbe Blau vor. Nimm wahr, dass du in diesem Blau eine Lücke findest, eine Gedankenpause. Sie ermöglicht es dir, immer besser in den inneren Frieden zu finden. Nimm nun wahr, wie sich das Blau ausdehnt und schließlich alle deine Gedanken verdrängt, sodass nur noch blauer Frieden und blaue Stille in dir sind.

5. Spiritueller Körper

Dein Geist ist ruhig und dennoch aufmerksam. Richte deine Aufmerksamkeit nun auf dein Kronenchakra, das sich etwa eine Handbreit über dem Scheitel befindet, und öffne es. Bitte um das Licht aus der göttlichen Quelle, und erlaube diesem Strom aus kristallinem Licht, dich so lange zu durchfluten, bis alle deine Zellen und alle deine Körper weißgolden strahlen. Nimm das weißgoldene Licht als Samen der Christus-Energie tief in dein Herz auf, und verankere es dort. Dein menschliches Bewusstsein verschmilzt so mit dem göttlichen Prinzip der Liebe. Fühle diese Liebe, die Freude, den Frieden. Spricht nun laut aus:

»Ich bin Licht.
Ich bin ewiges göttliches Bewusstsein.
Ich bin göttlich.«

Richte nun deine Aufmerksamkeit auf dein Herzchakra. Stelle dir vor, wie ein riesiger Scheinwerfer aus dem Universum magentafarbenes oder pinkfarbenes Licht direkt in dieses Chakra hineinstrahlt. Atme lang und tief, und öffne den gesamten Brustkorb ganz weit.

Das magentafarbene Licht lässt dein Herzchakra und dein physisches Herz heilen – und alle damit verbundenen Schmerzen und Enttäuschungen, jeden Kummer, alle Zerrissenheit und alle Traurigkeit. Genieße diese Flut von magentafarbenem Licht in deinem Herzensraum.

Stelle dir nun vor, wie ein Engel der Heilung aus der Geistigen Welt die Schablone der »Blume des Lebens« vor den Scheinwerfer projiziert. Dieses wunderschöne Ur-Muster der Schöpfung spiegelt sich nun in deinem Herzchakra und in deinem Herzen wieder, und du empfindest die Energie der göttlichen Vollkommenheit. Atme lang und tief, und genieße die magentafarbene »Blume des Lebens« in der spirituellen Mitte deines Seins.

Verjüngung
in der Neuen Energie

Der Traum von der ewigen Jugend, hinter dem der Wunsch nach Unsterblichkeit steckt, ist tief im Bewusstsein der Menschen verankert. In bestimmten Phasen der Entwicklung des Lichtkörpers verjüngen wir uns tatsächlich, einerseits, weil die biologischen Veränderungen vor allem unser Hormonsystem betreffen, und andererseits, weil unsere Zellen gemäß der göttlichen Blaupause mit dem Licht der Schöpfung durchflutet werden.

Verjüngung etwa durch Cremes, Schönheitsoperationen oder hormonstimulierende Medikamente werden dann keine nachhaltige Wirkung mehr zeigen, weil unser Körper auf Feinstoffliches viel besser reagiert, z. B. auf die Schwingung von Farben, Edelsteinessenzen und bestimmte Pflanzen. An erster Stelle steht aber die Qualität unserer Gedanken und unserer Gefühle zum Altern und zum Jungbleiben. Es gibt immer mehr Menschen, die zehn bis fünfzehn Jahre jünger aussehen, als sie sind, und die sich auch so fühlen. Die meisten von ihnen haben nicht etwa begnadete Gene, sondern sie sind bewusste, positive und heitere Zeitgenossen, die noch so viele Visionen und Pläne haben, dass sie mindestens gesunde 120 Jahre alt werden wollen.

Als Erden-Engel sind wir mit unserem großen Potenzial an Schöpferkraft immer in der Lage, uns zu verjüngen, wenn wir unsere reine Absicht und unser Bewusstsein auf die Qualitäten lenken, die uns ein gesundes, vitales und attraktives Altern bescheren. Es geht nicht darum, wieder 20 Jahre alt zu sein, sondern darum, bis ins hohe Alter all das, was man sein und tun möchte,

auch verrichten zu können – in einem Körper, der nicht schwerfällig hinterherhinkt, wenn der Geist noch voller Ideen ist.

Bevor du weiterliest, beantworte die folgenden Fragen nur für dich:

◆ **Schaust du dich morgens gerne im Spiegel an?**
◆ **Was geht dir durch den Kopf, wenn du Fältchen, Fettpolster oder andere Alterungserscheinungen an dir wahrnimmst?**
◆ **Hast du Angst vor dem Älterwerden?**
◆ **Glaubst du, dass du nach den Wechseljahren nicht mehr begehrenswert bist?**
◆ **Befürchtest du, im Alter krank, hilflos, nutzlos oder allein zu sein?**
◆ **Bist du davon überzeugt, dass du gegen das Altern nichts ausrichten kannst?**
◆ **Glaubst du vielleicht, dass dein Wunsch nach Jugend und Schönheit eitel und deshalb mit deiner Spiritualität unvereinbar ist?**
◆ **Kannst du dir vorstellen, dass es möglich ist, deine biologische Uhr anzuhalten oder sogar zurückzudrehen?**

Diese Fragen helfen dir dabei, dir deiner Glaubensmuster über das Älterwerden bewusst zu werden. Du bist nicht das Opfer deiner Gene, sondern deiner tiefsten Überzeugungen. So, wie du dich wahrnimmst, wirst du dich auch entwickeln.

Der Arzt Deepak Chopra erwähnt in einem seiner Bücher eine Studie der amerikanischen Psychologin Ellen Langer. Dieser Studie zufolge haben sich 75-jährige Männer für einen bestimmten Zeitraum so verhalten, als seien sie erst 55 Jahre jung. Als sie einige Tage später untersucht wurden, konnten sie besser hören und sehen. Außerdem waren ihre Gelenke beweglicher geworden.[6]

Einer anderen amerikanischen Studie zufolge hatten Frauen, die der festen Überzeugung waren, dass ab ihrem 40. Lebensjahr ihre Wechseljahre beginnen würden, besonders niedrigere Werte der Sexualhormone in ihrem Blut. Teil der Studie war auch eine Vergleichsgruppe aus älteren Frauen, die auch nach dem Einsetzen der Wechseljahre glaubten, noch lange jung und begehrenswert zu sein. Ihre Werte waren im Gegensatz zur anderen Gruppe sehr hoch. Beide Beispiele zeigen, wie stark die Kraft unserer Gedanken wirkt.

Was können wir also tun, um den Alterungsprozess zu stoppen? Es gibt viele wundervolle Techniken, um unsere alten Glaubensmuster über das Alter zu »löschen«. Die einfachste ist das »Freiklopfen« mithilfe der EFT, der »Emotional Freedom Technique«, die der Amerikaner Gary Craig entwickelt hat. An dieser Stelle möchte ich dir diese energetisch wirksame Methode kurz erklären, so wie sie von meiner Lehrerin Gabriele S. Bodmer erhalten habe. Man klopft dabei sich auf bestimmte Meridianpunkte am Kopf, an der Hand und an der Brust, während man sich auf das Problem, das einen bewegt, konzentriert und es ausspricht.

So können wir auch unsere negativen Haltungen zum Altern mit EFT sehr gut bearbeiten, wenn wir die uns blockierenden Sätze herausfinden und sie in positive, motivierende Affirmationen umwandeln. Unser feinstoffliches System entlässt dann die Blockaden und prägt sich die neuen Muster ein – und der Körper reagiert auf die Verwandlung.

Das Schöne ist, dass unser Körper ein flexibles Wunderwerk der Natur ist. Wir können jederzeit mit ihm kommunizieren, und er »hört« auf uns, bis auf die Quantenebene. Hierzu möchte ich als Nächstes einen kleinen Ausflug in die Welt unserer DNS machen:

DNS und
Gedankenkraft

Wissenschaftlich betrachtet, werden nur zehn Prozent unserer DNS zum Aufbau von Proteinen genutzt. Die restlichen 90 Prozent, die sogenannte stumme DNS, betrachtet man als nutzlosen »Datenmüll«. Unsere DNS ist ein riesiger Informationsspeicher. Alles, was wir in unseren vielen Erden- oder auch Sternenleben je erlebt, gedacht und gefühlt haben, ist in der Blaupause unserer Zellen gespeichert, und man kann sogar mit ihr kommunizieren!

Eine russische Forschergruppe unter der Leitung von Pjotr Garjajev, bestehend aus Genforschern, Biologen und Linguisten, hat die bahnbrechende Entdeckung gemacht, dass der genetische Code dieser 90 Prozent genauso funktioniert wie unsere menschliche Sprache. Die Basenanordnung in der DNS entspricht also genau den Regeln von Syntax (Aufbau), Grammatik und Semantik (Bedeutung) aller Sprachen, und die DNS reagiert auf die Schwingung von Worten und Sätzen. Dieses Forschungsergebnis erklärt, warum Affirmationen eine direkte körperliche Wirkung haben. Doch den Forschungen zufolge reagiert unsere DNS nicht nur auf gesprochene Worte, sondern auch auf Gedanken, die sie mithilfe von Licht und elektromagnetischen Wellen speichert. Allein durch Schwingung und Sprache ist es dem Forscherteam gelungen, Informationsmuster einer DNS auf eine andere zu übertragen, sodass geschädigtes Chromosomenmaterial repariert werden konnte.[7]

Allerdings funktionierte diese Art von Kommunikation nur in entspanntem Zustand, also auf einer höheren Schwingungsebene.

Was bedeuten diese Forschungsergebnisse nun für uns Lichtarbeiter? Sie ermutigen uns dazu, unsere Schöpferkraft noch stärker anzunehmen und bewusst mit unserer DNS in Kontakt zu treten. Auf diese Weise können wir uns selbst heilen, verjüngen, Muster aus früheren Leben löschen und uns von begrenzenden Gelübden lösen. Gesprochene Worte, unsere Gedanken und unsere Gefühle prägen sich in unserer DNS ein und verändern nach und nach unsere fein- und grobstofflichen Körper, aber auch unsere Gedanken und Gefühle, die wiederum die DNS beeinflussen – dies ist der Kreislauf von Ursache und Wirkung.

Meditation:
DNS-Meditation zur Verjüngung

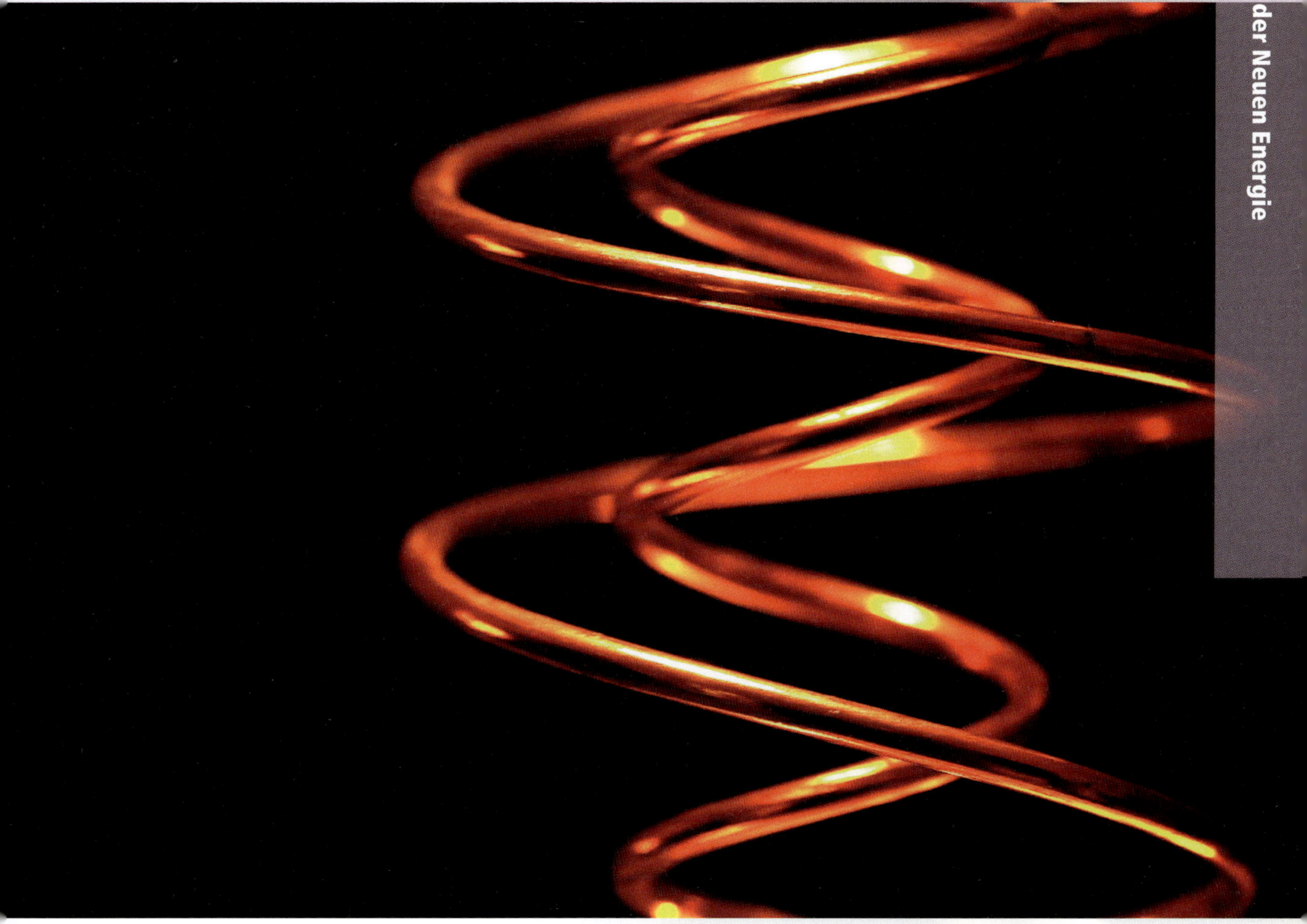

Am besten funktioniert diese Meditation, wenn du sie dir vorlesen lässt.

Lege dich auf den Boden, am besten auf eine Unterlage. Nimm einen tiefen Atemzug, und lasse den Atem in deinen Bauch hinunterströmen. Nimm wahr, wie sich dein Bauch beim Einatmen hebt und beim Ausatmen senkt. Lasse deinen Bauch ganz weich werden, während dein Körper tiefer und tiefer auf den Boden sinkt. Während du das Ein- und Ausströmen deines Atems beobachtest, übergib deinen Körper den liebevollen Händen von Mutter Erde, die dich sicher und geborgen trägt. Spüre dein Gewicht, die Schwere und die Festigkeit deines Körpers. Wenn du irgendwo noch Spannungen, Verhärtungen und Verkrampfungen spürst, lenke deinen Atem an diese Stelle. Erlaube auch diesen Körperteilen, sich nun zu entspannen. Lasse deine Augenbrauen auseinandergleiten, dadurch wird deine Stirn glatt wie Seide. Lächle nun, und du spürst dabei, wie sich dein Kiefer entspannt und deine Lippen locker aufeinanderliegen.

Dein Atem fließt ruhig und gleichmäßig, dein Geist ist wach und aufmerksam, auch wenn du dich vielleicht müde fühlst. Dein Herz schlägt ruhig, und ganz allmählich breitet sich ein tiefer Frieden in dir aus. Atme diesen Frieden und die wunderbare Stille in den Raum deines Körpers hinein und von dort aus in jede Zelle. Richte deine Aufmerksamkeit noch bewusster auf deine Zellen.

In jeder Körperzelle, und somit auch in der DNS, ist göttliches Licht, göttliche Liebe und göttliches Bewusstsein vorhanden. Wenn du möchtest, bitte Erzengel Michael, dich bei der Löschung der dich blockierenden Programme zu unterstützen. Deine DNS ist intelligent. Sie reagiert auf deine reine Absicht. Sprich die folgenden Sätze am besten laut und von ganzem Herzen aus:

»Ich lösche alle Programmierungen, die mich daran hindern, mich selbst anzunehmen und mich aus vollem Herzen zu lieben.

Ich lösche alle Programmierungen von Krankheit, Alter, körperlichem Verfall und Selbstzerstörung, die ich in diesem Leben aufgebaut und aus vergangenen Leben mitgebracht habe.

Ich lösche alle Glaubenssysteme, die mich daran hindern, jung, gesund und schön zu sein und voller Lebenslust ein gesegnetes Alter zu erreichen.

Ich lösche alle unbewussten Gelübde und Schwüre, die ich in diesem und in vergangenen Leben geleistet habe und die mich daran hindern, ein Leben in Liebe und Fülle auf allen Ebenen zu führen.

Ich lösche alle einschränkenden Glaubenssysteme, die ich von meinen Eltern und meinen Ahnen übernommen habe und die mich daran hindern, ein selbstbestimmtes, freies Leben zu führen, das meinem Seelenplan entspricht.«

Stelle dir nun vor, dass alle diese blockierenden Muster aus deiner DNS gelöscht werden. Atme dabei bewusst tief ein und aus. Richte dann deine liebevolle Aufmerksamkeit wieder auf deine Zellen, und sieh, fühle oder höre deine DNS. Du hast nun die Möglichkeit, sie mit deinen Wünschen und Vorstellungen neu zu programmieren. Sprich dazu die folgenden Sätze laut aus:

»Ich wähle, mich mit vollkommener Selbstliebe zu verbinden.

Ich wähle, entsprechend dem göttlichen Plan ein gesegnetes Alter in meine DNS zu integrieren.

Ich bin bereit, alle mich stärkenden und nährenden Gene von meinen Ahnen anzunehmen und wertzuschätzen.

Ich bin bereit, jung, gesund, vital und schön meinen Lebensplan zu erfüllen.

Alle Zellen heilen jetzt, und ich bin voller Lebenskraft und Lebensmut.«

Stelle dir nun vor, wie all diese neuen und positiven Muster in deine DNS eingeprägt werden und dass ihre Schwingung sich dadurch erhöht. Komme dann langsam wieder in dein Tagesbewusstsein zurück. Bewege sanft deine Füße und Hände, und nimm Mutter Erde unter dir wahr. Vielleicht fühlst du dich schon ein wenig anders. Lasse deiner DNS Zeit, all das Neue zu integrieren. Du wirst die Auswirkungen dieser Neuprogrammierung in deinem Körper und in deinem Alltag spüren.

Übung:

Verjüngung mit diamantenen Partikeln

Diamantene Partikel, so hat es Ronna Herman in ihren »Erzengel-Michael-Botschaften«[8] beschrieben, enthalten die Energie der Schöpfung, die intelligente Kraft, die dem Herzen Gottes entströmt und auch in unserem heiligen Herzensraum als »Kern-Gotteszelle« zu finden ist. Ich stelle sie mir wie kristallines Licht vor, das aus winzigen Diamanten besteht. Darin zu baden ist wie in die Ursprungsenergie der Vollkommenheit einzutauchen.

Die folgende Partnerübung erleben viele Menschen als sehr wohltuend und verjüngend.

Anleitung:

Wähle eine Person, mit der du diese sehr besondere Energie teilen möchtest. Diese Person legt sich zunächst auf den Rücken und empfängt.

Richte deine Aufmerksamkeit auf dein spirituelles Herzzentrum und auch auf dein physisches Herz. In diesem heiligen Herzensraum findest du die »Kern-Gotteszelle«, deine Quelle der diamantenen Partikel.

Lege deine Hände auf dein Herz, und lasse diese Partikel nun aus dem Herzen in deine Hände fließen. Halte dann deine Hände über den Kopf deiner Partnerin bzw. deines Partners, und lasse die Energie in die Hypophyse und in die Zirbeldrüse der anderen Person fließen. Sprich dazu laut die Verjüngungsintention:

»Mögen sich deine Hypophyse und deine Zirbeldrüse verjüngen, dem perfekten göttlichen Plan entsprechend.«

Lasse dann die Energie in die Schilddrüse, die Thymusdrüse oberhalb des Brustbeins, die Bauchspeicheldrüse, die Nebennieren und in die Geschlechtsdrüsen deines Partners bzw. deiner Partnerin fließen. Halte deine Hände immer über die jeweilige Körperstelle, und sprich jedes Mal die entsprechende Verjüngungsintention aus. Schöpfe zwischendurch immer wieder diamantene Partikel aus deinem heiligen Herzensraum.

Tauscht nach einer kurzen Pause die Rollen.

Was dich außerdem
noch jung erhält ...

Tiere, die sehr alt werden, hatten oft ein besonders stressfreies Leben und konnten so enorm viel Lebensenergie sparen. Sie leben in Muße und Mäßigkeit. Hinzu kommt, dass einige dieser besonders alten Tiere in der Gemeinschaft mit anderen Artgenossen leben und so etwas wie Einsamkeit nicht kennen.

Stress, Sorgen und Ängste lassen uns schnell altern. Der Körper verbraucht dann zu viel Energie und läuft auf Hochtouren, weil zu viel Adrenalin ausgeschüttet wird. Die Produktion der »Jungbrunnen-Hormone«, wie z. B. Wachstums- oder Sexualhormone, wird dabei ausgebremst. Gerade in Zeiten großer Unsicherheit, in denen alles um uns herum aus den Fugen gerät, sollten wir auf unsere Gedanken und Gefühle achten. Übungen, die uns immer wieder in unsere Mitte bringen, wie z. B. Yoga oder Qigong, helfen uns in dieser Zeit.

Auch die Angst vor dem Älterwerden verursacht Stress. Dies beginnt schon am frühen Morgen, wenn wir in den Spiegel schauen.
Begrüße dich deshalb mit den Worten: »Ich werde jeden Tag jünger, gesünder und schöner.« Gönne dir Zeiten der Stille, und dehne diese für dich aus, indem du die Dinge des Lebens langsamer und achtsamer erledigst.

Atme lang, tief und bewusst. Meditiere, und verlängere so die »Denkpausen« deines Verstandes. Lasse den inneren Dialog verstummen, und erlebe die Leere, die Fülle ist. Meditationen verlangsamen das Stoffwechsel-

geschehen, die biologischen Prozesse werden dabei auf ein Mindestmaß reduziert, und der Herzschlag beruhigt sich. Die Zirbeldrüse und die Hypophyse hingegen schütten dann vermehrt »Verjüngungshormone« aus.

Du kannst dir auch eine Darstellung der »Blume des Lebens« unter dein Bett legen. Sie wirkt durch ihre hohe Schwingung verjüngend, denn sie ist die Schöpfungsmatrix. Aus ihr ist alles Leben entstanden, und alle platonischen Körper der Heiligen Geometrie sind in ihr enthalten. Sie ist ein Symbol vollkommener Harmonie und Schönheit.

Versuche, immer ausgewogen, aber nicht zu viel zu essen. Viele alte Yogis erzählen, dass sie noch vor dem Eintreten der Sättigung die Nahrungsaufnahme be-

enden und eher zu wenig als zu viel Kalorien zu sich nehmen.

Trinke täglich ein bis zwei Tassen He-Shou-Wou-Tee (Tee aus der Knöterichwurzel) gegen das Ergrauen der Haare und für die Stärkung der Nieren. Iss viel Obst und Gemüse.

Nimm basische Bäder, und mache häufig Bürstenabreibungen. Ein gutes Mittel zur Entgiftung sind basische Tees. Im Frühjahr ist es gut für die Leber, Löwenzahnwurzelsaft zu trinken.

Du kannst auch eine Leinöl-Quark-Kur nach Dr. Budwig machen: Verrühre zwei Esslöffel Quark, zwei Esslöffel Milch und zwei Esslöffel Leinöl mit etwas geschrotetem Leinsamen. Schmecke die Mischung mit Salz oder Honig ab – und genieße eine solche Portion zwei- bis dreimal am Tag. Dies fördert die Zellatmung, stärkt die Leber und entgiftet den gesamten Körper.

Zur Stärkung des Bindegewebes kannst du Hafer, Hirse, Gerste oder Vollreis essen. Trinke Ackerschachtelhalm-Tee, nimm Kieselgel zu dir, oder wende es äußerlich an.

Das »Dinner-Cancelling«, also nichts mehr nach 17 Uhr zu essen, hilft beim Abnehmen. Es regt außerdem die Ausschüttung von Wachstumshormonen an. Eine weitere Möglichkeit ist, vor dem Schlafengehen etwas Eiweiß mit Zitronensaft beträufelt zu essen, zum Beispiel ein Stückchen Hühnerfleisch, Fisch oder Tofu.

Goji-Beeren gelten als Früchte mit einer sehr guten Anti-Aging-Wirkung. Sie enthalten sehr viele Vitamine, Mineralstoffe, essenzielle Aminosäuren und sind wunderbare »Radikalfänger«. Sie sollten allerdings nur in Bioqualität gekauft werden.

Jiaogulan-Tee, in China als das »Kraut der Unsterblichkeit« bekannt, wirkt wie Ginseng. Es senkt den Blutdruck und den Cholesterinwert, beruhigt die Nerven und aktiviert den Stoffwechsel.

Kefir, das »Getränk der Langlebigen«, ist gut für den Darm. Er unterstützt die Nährstoffverwertung, das Ausscheiden von Giftstoffen und wirkt antibiotisch und harmonisierend auf den Blutdruck. Zudem enthält er viele B-Vitamine und ist auch bei Laktose-Intoleranz gut verträglich.

Auch hier sollte man nicht vergessen, zuerst auf den eigenen Körper zu hören, denn wenn dir Kefir nicht schmeckt oder du eine Abneigung gegen Kräutertee hast, dann werden diese Mittel auch nicht ihre volle Wirkung in dir entfalten können.

Das wirksamste Verjüngungsmittel ist jedoch die Liebe. Damit meine ich nicht nur den Zustand des Verliebtseins. Natürlich ist dies ein hormoneller Jungbrunnen, der jedoch schnell an Kraft verliert, wenn die Beteilig-

ten in das alltägliche Stadium ihrer Liebe eingetreten sind. Wer die Liebe aber als eine ewig sprudelnde Quelle erkannt hat, die jeden nährt und keinen Unterschied in der Qualität macht, sei es Selbstliebe, Mutterliebe, Herzensliebe, erotische Liebe, transpersonale Liebe oder die Liebe zur Natur, der bleibt jung. Liebe ist einfach – bedingungslos, urteilslos, grenzenlos. Wer in diesem Liebesbewusstsein badet, bleibt jung, weil sein Herz offen ist und er sich in einem Schwingungsfeld mit der göttlichen Blaupause befindet.

Meditation:
Im Tempel der Verjüngung

Mache es dir bequem, und atme tief ein. Spanne alle Muskeln an, und lasse mit jedem Ausatmen die Spannung im Körper los. Alle Muskeln entspannen sich und werden weich. Lasse dich in deinen Körper hineinsinken wie in ein Kissen, ganz mühelos. Spüre deinen Körper, nimm deine Gedanken und Gefühle wahr, aber schenke ihnen keine Beachtung. Dein Atem wird dabei immer sanfter, friedlicher und tiefer, und alles in dir beginnt, liebevoller und nachgiebiger zu werden. Sei dir bewusst, dass du dir jetzt Zeit und Zuwendung schenkst, und genieße dieses Gefühl.

Stelle dir vor, dass du dich mitten in der Natur befindest, in einer Landschaft, die dir zutiefst entspricht. Du liebst es, hier zu sein, und lässt deinen Blick schweifen. In dieser Landschaft gibt es einen wunderschönen Tempel aus purem Gold. Seine riesige Kuppel ragt hoch empor in das Blau des Himmels. Wie ein strahlendes Juwel liegt dieser Tempel im Glanz der Sonne. Du gehst langsam auf den Tempel zu, und stellst fest, dass du bereits an seinem Portal erwartet wirst. Zwei wunderschöne Hohepriesterinnen begrüßen dich und laden dich dazu ein, den Tempel der Verjüngung zu betreten. In dem Moment, in dem du durch das Portal schreitest, tauchst du ein in einen Strom aus kristallinem, weißgoldenem Licht, das direkt aus der göttlichen Quelle kommt. Bleibe stehen, und genieße. Lasse dich von diesem Licht durchströmen und durchfluten. Erlaube dem Licht, jede Zelle deines Körpers zu reinigen und zu nähren.

Erfüllt von dieser wunderbaren Lebensenergie, wirst du nun von den Hohepriesterinnen in die Mitte des Tempels begleitet. Dort begrüßt dich liebevoll der Aufgestiegenen Meister St. Germain: »Bevor du dich verjüngst, ist es wichtig, dass du dich von allen beschränkenden Glaubensmustern zum Altern befreist«, erklärt er dir. »Die silber-violette Flamme wird dich darin unterstützen. Bist du bereit?« Wenn du tief in dir ein »Ja« vernimmst, sprich es nun auch laut aus.

In diesem Moment umfangen dich die silber-violetten Flammen des reinigenden Feuers wie kühle Seide. St. Germain spricht, und du wiederholst es am besten laut:

»Ich bin bereit, alles, was mich alt, müde, krank und depressiv macht, loszulassen.

Ich bin bereit, alle Ängste und negativen Bilder, die ich vom Zustand meines Körpers habe, loszulassen. Jetzt!«

Nimm wahr, wie die Flamme dich umhüllt, wie sie um dich lodert. Gib dich dem Reinigungsprozess ganz hin.

»Ich bin bereit, alles genetische Material, das sich in irgendeiner Weise destruktiv auf meine Zellen auswirkt, loszulassen. Jetzt!

Ich bin bereit, alle physischen, emotionalen, mentalen, kausalen und spirituellen Muster, die nicht dem göttlichen Plan entsprechen, loszulassen. Jetzt!«

Die silber-violetten Flammen dringen tief in deine Zellen ein und löschen dort alles, was nicht der göttlichen Matrix entspricht.
Langsam, ganz langsam wird die Flamme immer kleiner und kleiner, züngelt nur noch um deine Füße und verschwindet schließlich ganz. Die Kuppel des Tempels öffnet sich, und »Grace«, der silberne Strahl der Gnade, hüllt dich vollständig ein. Bleibe einen Moment so stehen, und erlaube dem silbernen Licht, dich bis auf die Zellebene zu durchfluten.

St. Germain und die Hohepriesterinnen geleiten dich nun zu einem Bett aus Bergkristall, in das eine goldene »Blume des Lebens« eingraviert ist. Das Kristallbett hat die für dich angenehme Temperatur, und du wirst dazu eingeladen, dich hineinzulegen. Du liegst nun auf der »Blume des Lebens«, dem Symbol der Schöpfung, aus dem alles Leben erschaffen ist. In dieser heiligen Matrix gibt es kein Alter, keine Krankheit. Sie ist das ewige Leben, die ewige Jugend, Harmonie und Perfektion auf allen Ebenen.

Stelle dir nun vor, wie die göttliche Blaupause der »Blume des Lebens« deinen Körper vollständig von unten nach oben durchdringt. Gleichzeitig nimmst du in jeder Zelle deines Körpers die »Blume des Lebens« wahr. Ihre goldene Struktur prägt sich in deine Zellen ein, in deinen Zellkern, in jedes Molekül und jedes Atom deiner Zellen. Alles richtet sich aus in göttlicher Perfektion, in göttlicher Vollkommenheit und Schönheit, in strahlender Gesundheit, ewiger Jugend, Freude und Fülle. All dies wirkt auch auf deine feinstofflichen Körper, auf alle Felder, die dich umgeben.

eingehüllt, getragen von den Händen des Schöpfers. Steige dann langsam wieder erfrischt, gereinigt und erneuert von deinem Bergkristallbett herab. Verabschiede dich von St. Germain, und lasse dich von den beiden Hohepriesterinnen aus dem Tempel hinausbegleiten. Komme nun langsam wieder in das Tagesbewusstsein zurück. Bewege deine Finger und deine Zehen, und öffne deine Augen.

Die »Blume des Lebens«, das Muster, aus dem alles Leben kommt, ist immer in dir. Nun erinnerst du dich wieder daran. Du erinnerst dich an deine ursprüngliche, vollkommene und göttliche Natur. Fühle dich ganz

Im Frieden mit sich
und anderen sein

n tiefem inneren Frieden offenbart sich unsere göttliche Natur. Aus diesem Zustand heraus, dem die Heilung auf allen Ebenen vorausgegangen sein muss, handeln wir immer aus Liebe. Unseren inneren Raum der Stille und des Friedens finden wir in unserem Herzen. Aber erst wenn sich unser Verstand beruhigt hat, »hören« wir diese Stille. Wenn ich eine Viertelstunde meditiert habe, gehe ich mit friedlichen Gedanken und Gefühlen in die Welt und in meinen Alltag hinaus. Dann bin ich auch in herausfordernden Situationen in der Lage, friedvoll zu handeln und zu kommunizieren.

Innerer Frieden erwächst auch aus der Überzeugung, dass alles, was geschieht, der göttlichen Ordnung entspricht. Das bedeutet für uns: Wir sollen nicht bewerten, nicht urteilen, nicht vergleichen, sondern aus der eigenen Wahrhaftigkeit heraus handeln. Dies bringt uns Frieden, Dankbarkeit, Wertschätzung und Freude.

Es ist eine harte Prüfung, während des Dimensionswechsels in der eigenen Mitte zu bleiben, wenn manche unserer Persönlichkeitsanteile sich schon im Licht der Erkenntnis »sonnen« und andere noch im Schatten der Dualität ihr Dasein fristen. Die »dunklen« Seiten zu erhellen, sie anzunehmen, dann loszulassen und in reine, klare Energie umzuwandeln, all das bringt uns in unsere Meisterschaft.

Wahre »Erleuchtung« zeigt sich auch darin, wie friedlich wir miteinander umgehen. Welche Gedanken und Gefühle haben wir im Umgang mit anderen Menschen? Sind sie positiv und konstruktiv? Ist unsere Kommunikation nährend und stärkend? Wie reagieren wir auf die Menschen, die uns in ihre Dramen hineinziehen wollen, uns Wut entgegenschleudern oder uns Schuldgefühle und Angst machen wollen? Bleiben wir dann gelassen und in unserer Mitte, oder fühlen wir uns verletzt, schlagen um uns oder »zahlen alles mit gleicher Münze heim«?

Spirituell erwachte Menschen haben ihre Beziehungsprobleme meistens gelöst und leben harmonisch und liebevoll miteinander. Das klingt wunderbar, doch bis dahin haben die meisten von uns noch einen weiten Weg vor sich, der mit allerlei Stolpersteinen übersät ist. Viele Beziehungen sind wahre Energieräuber: Die beteiligten Partner sind nicht in der Lage, sich durch Liebe und Wertschätzung gegenseitig zu nähren, sondern sie spielen das »Täter-Opfer-Spiel«. Wenn die Partner daran nichts ändern, kann das ewig so weitergehen.

Doch es ist gleichgültig, ob wir uns als »Opfer« unserer Partner, der Kollegen, der Nachbarn, der Lehrerin, des Finanzamts oder unserer anstrengenden Kinder wahrnehmen. Wichtig hingegen ist es, das Drama und unsere Rolle darin zu erkennen und das Bedürfnis zu entwickeln, die eigene Rolle hinter uns zu lassen und die Verantwortung für das eigene Leben zu übernehmen. Ganz egal, was uns im Leben widerfährt – auf einer höheren Bewusstseinsebene sind wir nie wirklich Opfer, auch wenn es sich für uns so anfühlt. Unsere Wut, unsere Enttäuschung und Verzweiflung, die sich in unserem emotionalen »Schmerzkörper« deutlich zeigen, helfen uns, zu erkennen, wann wir die Rolle des

Schwachen, des ungerecht Behandelten oder des Verletzlichen freiwillig übernommen haben, damit wir uns endlich davon befreien und uns in unserer Göttlichkeit annehmen können.

Zwischenmenschliche Beziehungen sind wahre Prüfungen, die uns viel abverlangen, und die meisten Menschen sind noch nicht in der Lage, im Verhalten des vermeintlichen Widersachers die »Heilkraft des Spiegels« zu erkennen. Dieser »Spiegel« bedeutet, dass andere Menschen sich uns auf der Seelenebene als »Erfüllungsgehilfen« zur Verfügung gestellt haben, um uns ein Spiegel zu sein, der uns unbarmherzig und doch so mitfühlend begreifen lässt, wo wir noch nicht in unserer wahren Kraft und Liebe angekommen sind. So gesehen sind diese »Täter« äußerst wertvoll für unsere spirituelle Entwicklung.

Nach dem Resonanzgesetz reagieren wir wütend auf einen Menschen, den sogenannten Täter, weil sein Verhalten unbewusste Muster in uns aktiviert und so unser Schmerz an die Oberfläche kommt. Wenn wir zum Beispiel immer im beruflichen Kontext gemobbt werden, sind wir noch nicht in unserer Selbstliebe angekommen. Dies ist ebenso der Fall, wenn wir für zu wenig Geld zu lange und zu viel arbeiten, für unsere Arbeit keine Wertschätzung erhalten oder immer der seelische »Mülleimer« für unsere Mitmenschen sind. Etwas gespiegelt zu bekommen, bedeutet nicht immer, so zu sein wie der andere. Manchmal fehlt uns auch genau diese Eigenschaft, mit der wir Defizite in uns ausgleichen könnten. Immer wieder auf Menschen zu treffen, die unsere Gefühle mit Füßen treten, kann auch ein Impuls für uns sein, stärker auf unsere eigenen Gefühle zu achten und für sie einzustehen.

Emotionale Dramen mit anderen auszufechten, raubt uns und den anderen Energie und hindert uns daran, in unseren Raum des tiefen inneren Friedens einzutauchen. Wir haben zu jeder Zeit und in allen Situationen immer die Wahl: Schlagen wir zurück, oder säen wir Gelassenheit, Ruhe und Harmonie? Wer in Frieden mit sich und anderen ist, gewährt auch der Angst keinen Platz mehr in seinem Inneren. Angst und Frieden schließen einander aus, denn Frieden erwächst aus der Liebe, und Liebe raubt jeglichen Ängsten die Lebensgrundlage. Wenn wir ganz und gar im Einverständnis mit dem sind, was wir im Leben erfahren, wirft uns nichts so schnell aus der Bahn, denn wir sind im Frieden mit allem, was ist.

Im Frieden zu sein, heißt auch, in der Hingabe zu sein. Wer immer noch glaubt, hart kämpfen zu müssen, wird im Dimensionswechsel sehr viel Energie verlieren. Stelle dir eine schlanke Palme im Wind vor: Durch ihre Beweglichkeit passt sie sich den Stürmen des Lebens an. So übersteht sie unbeschadet schwere Stürme, wenn unnachgiebige und starke Bäume bereits abgebrochen sind. So wie die Palme brauchen wir keine emotionale »Rüstung«, um der alten Energie zu trotzen. Unsere wahre Stärke kommt tief aus unserem Herzen, denn die Liebe ist die friedvollste Macht und Kraft, die wir haben. Und wer liebt, den hält Gott mit seinen Händen schützend umfangen.

Übung:

Emotionale Dramen beenden

In dieser Übung geht es darum, sich aus den Rollen von »Täter« und »Opfer« in den persönlichen Dramen zu befreien und zu erkennen, dass der, der uns verletzt, immer ein »Erfüllungsgehilfe« ist. Er hat die Aufgabe, uns mit unseren tief sitzenden, negativen Glaubensmustern und Schatten zu konfrontiert, damit diese heilen können.

Wir wenden für die Übung die Technik des »Questionings«, des Fragenstellens, an, die ich vor vielen Jahren in einem Seminar bei meiner spirituellen Lehrerin Rhea Powers kennen und schätzen gelernt habe. Diese Übung kann man auch in der Gruppe machen.

Anleitung:

Zwei Menschen sitzen sich gegenüber. Wer mag, kann sich an den Händen halten oder sich an einer anderen Stelle berühren. Wichtig ist es, dass sich beide Personen die ganze Zeit in die Augen schauen. Vereinbart nun, wer fragt und wer antwortet.

Eine der beiden Personen stellt für einen vorgegebenen Zeitraum von etwa fünf Minuten immer dieselbe Frage. Die andere Person antwortet spontan, aus dem Herzen, aus dem Bauch heraus, auch dann, wenn ihr nichts mehr einfällt. Es ist besser, eine unsinnige Antwort zu geben, als den Verstand »einzuschalten« und nachzudenken, denn genau das soll bei der Übung vermieden werden. Der Fragende kommentiert oder bewertet die Antworten der anderen Person nicht.

Der Antwortende führt sich eine reale Situation aus seinem sozialen Leben vor Augen, in der er sich als »Opfer« fühlt und immer wieder verletzt wird. Gleichzeitig visualisiert er den Menschen, der in seinem persönlichen Drama der »Täter« ist.

Die andere Person beginnt nun, zu fragen. Sie stellt jede Frage immer wieder, etwa fünf Minuten lang, und hält dabei immer Augenkontakt zum Antwortenden:

1. »Warum glaubst du, ist dieser Mensch in deinem Leben?«
2. »Was lehrt dich sein oder ihr Verhalten über dich selbst?«
3. »Auf welche Weise verhinderst du dein eigenes Glücklichsein?«

Die gefragte Person antwortet spontan, wie oben beschrieben.

Wenn du diese Übung in einer Gruppe machst, kannst du – wenn du es möchtest – anschließend deine Erkenntnisse der Gruppe mitteilen.

Übung:
Seelengespräche führen

Wenn wir keine Möglichkeit sehen, uns mit bestimmten Menschen in unserem Leben zu versöhnen, weil keine friedvolle Kommunikation möglich ist, können wir stattdessen in eine höhere Dimension reisen und »Seelengespräche« führen.

Anleitung:

Richte deine Aufmerksamkeit auf dein Herzzentrum, und fühle Liebe, Dankbarkeit und Wertschätzung. Dies erzeugt eine hoch schwingende Energie.

Bitte nun die Seele des entsprechenden Menschen, mit deiner Seele in Kontakt zu treten. Kommuniziere aus deinem Herzen heraus mit dieser Seele. Dies kann in Worten, Bildern oder Klängen geschehen. Versuche, ihr auf deine Weise mitzuteilen, was dir in der normalen Kommunikation nicht möglich erscheint. Sprich alles wahrhaftig und klar aus, was du dir im menschlichen Miteinander von diesem Menschen wünschst.

Auf der Seelenebene herrscht immer die Liebe, und so kann es sein, dass du wahre Wunder erlebst, wenn du dem Menschen wieder begegnest.

Das »Täter-Opfer-Prinzip« spielt in der Dualität nach wie vor eine große Rolle, und immer mehr Menschen fühlen sich als Opfer der weltweiten Wirtschafts- und Finanzkrise oder des Klimawandels. Wenn wir einen Blick auf die Dritte Welt werfen, so hat sich dort die Situation der Menschen erst verändert, wenn jedes Kind auf dieser Welt Nahrung, ein Dach über dem Kopf und Bildung erhält und wenn die Würde und die politi-

schen Menschenrechte eines jeden Menschen gewahrt sind. Solange auch nur ein Kind verhungert, eine Frau vergewaltigt oder ein Mann aufgrund seiner religiösen oder politischen Überzeugung verfolgt, gefoltert oder getötet wird, sind wir noch nicht in der kollektiven Liebe und dem Bewusstsein, dass wir alle Eins sind, angekommen.

Wie verhält es sich nun, wenn an einem Nachmittag Zehntausende von Menschen durch ein Erdbeben sterben, wenn hilflose Kinder misshandelt oder ganze Völker ausgerottet werden?
Es ist für viele Menschen, und auch für mich, schwer nachzuvollziehen, dass auch diese Ereignisse auf der Seelenebene einem vollkommenen, göttlichen Plan entsprechen. Diese Seelen, die so viel Leid auf sich nehmen, tun dies in einem Akt unaussprechlicher Liebe für uns alle, und sie nehmen so die Rolle als »Toröffner« unseres Herzens ein. Wir als Teil des Kollektivs sind dazu aufgefordert, für sie da zu sein und ihnen zu helfen, auf welche Weise auch immer es uns möglich ist. Diese Hilfe sollte alle politischen und geografischen Grenzen überwinden, wenn es um das Leben und die Würde des anderen geht.
Am Beispiel des Erdbebens von Haiti Anfang des Jahres 2010 zeigte sich die Welle des Mitgefühls in Gestalt von weltweiten Hilfsaktionen, Spenden und Gebeten. Wer von uns hätte sich um Haiti und die menschenunwürdigen Lebensbedingungen seiner Bewohner gekümmert, wenn nicht das Ausmaß der Katastrophe unser Augenmerk und unsere Herzenergie dorthin gelenkt hätte?

Heilung der
Gedanken

Wenn wir pro Sekunde einen Gedanken haben, dann haben wir am Abend etwa 50.000 bis 60.000 Gedanken gedacht. Würde man dies auf ein Jahr umrechnen, dann hätten wir bereits über 20 Millionen Gedanken in die Welt geschickt, die einen enormen Einfluss auf die Gestaltung unseres Lebens haben. Leider ist meist nur ein geringer Anteil dieser Gedanken wirklich aufbauend, stärkend und nährend für uns. Den Großteil machen unsinnige, unbedeutende, destruktive, bewertende oder ängstigenden Gedanken aus. Gedanken sind bewegliche, Form gebende Energie. Je öfter ein bestimmter Gedanke ins Fließen gebracht wird, desto eher wird er sich manifestieren. Als Energie sind Gedanken unzerstörbar und nehmen ihren Platz in der großen Bibliothek des Gedachten, der Akasha-Chronik, ein.

Gedanken sind jedoch, weil sie im Grunde reiner Geist sind, durchaus wandelbar. Als Schöpfer unserer Wirklichkeit können wir uns so weit disziplinieren, dass wir den Weg, den unser Gedachtes nehmen soll, vorher festlegen, damit es sich nicht im Wirrwarr der verschiedenen Möglichkeiten verliert. Dies können wir unter anderem mit einer klaren Ausrichtung auf den Tag bewirken. Der Seminarleiter, Trainer und Tarot-Lehrer Gerd Bodhi Ziegler schlägt dazu vor, sich jeden Morgen fünf Minuten Zeit zu nehmen und zu überlegen, was man erleben möchte, um einen schönen Tag verbringen zu können. Dies können kleine und große Wunder sein, positive Überraschungen, Frieden, Freude oder auch ein schönes Gespräch.

Wir sollten Entscheidungen treffen, z. B. mehr Pausen einzulegen, ein entspannendes Bad zu nehmen, die Steuererklärung endlich zu machen oder eine Freundin anzurufen. Dann entscheiden wir, wie wir uns am Abend gerne fühlen möchten: friedlich, angenehm müde, zufrieden oder energetisiert?

Ich praktiziere diese wunderbare Methode schon seit einiger Zeit und bin begeistert, wie viel von dem, was ich morgens beschließe, auch tatsächlich bis zum Abend eingetroffen ist. Durch den Fokus, den ich auf meine Gedanken setze, steuere ich weitgehend die Vorkommnisse meines Tages. Dies beinhaltet auch sehr angenehme Gefühle.

Eine andere Möglichkeit, die Gedanken zu kontrollieren, ist, so wenig wie möglich zu denken. Dies geschieht, indem wir uns bewusst machen, dass wir gerade denken. In diesen Denkpausen unseres Verstandes liegen große Ressourcen für Kreativität. Der Philosoph und spirituelle Lehrer Eckhart Tolle benutzt die einfache Formel »Ich denke gerade«, um sich selbst sozusagen als »Denker« zu beobachten.[9]

Der Chiropraktiker und Bestsellerautor Frank Kinslow stellt in diesem Zusammenhang die Frage: »Woher kommt mein nächster Gedanke?« – natürlich ohne sie sich zu beantworten. So können wir den Kreislauf der Gedanken durchbrechen und diesen Raum als tiefen inneren Frieden erfahren.[10]

Letztlich geht es um die Botschaft: Jeder von uns kann mühelos seinen Verstand kontrollieren, wenn er sich der Stille zwischen den einzelnen Gedanken bewusst wird. Ohne Bewusstheit bleibt uns nichts anderes übrig, als die ständig einströmenden Gedanken abzuwehren wie lästige Fliegen.

Nun sind manche Gedanken schneller da, als wir es uns wünschen, nehmen unmäßig viel Platz ein, dehnen sich aus und quälen uns mit ihren zum Teil sehr beängstigenden Botschaften. Wir sind aber auch in der Lage, sie im Nachhinein zu »heilen«, indem wir ihren Inhalt zu unserem Wohl verändern, so, wie wir auch das, was wir uns durch unbewusste oder negative Gedanken bereits kreiert haben, jederzeit korrigieren können. Es gibt dominierende Gedanken, die mit Ängsten verbunden sind und uns unser Leben lang begleiten, zum Beispiel:

»Ich finde nie den Partner, den ich mir wünsche. Wenn ich ihn gefunden habe, wird er mich dann immer lieben?«
»Ich werde nie genug Geld haben.«
»Ich bin zu alt, um noch die Arbeit zu bekommen, die mich befriedigt.«
»Ich bin nicht attraktiv genug, klug genug, kreativ genug.«
»Vielleicht bekomme ich mal Krebs oder eine andere schreckliche Krankheit, weil meine Mutter auch an Krebs gestorben ist.«

Unsere Gedanken sind ein Konglomerat aus Einflüssen, denen wir uns zu einem großen Teil gar nicht bewusst sind. Sie werden beeinflusst von unseren Erfahrungen aus der negativ geprägten Vergangenheit in diesem Leben, aus unbewussten Verstrickungen in Situationen aus zahlreichen früheren Leben und der womöglich unheilvollen, weil unbekannten Zukunft. Auf diese Weise geben wir ihnen ein Muster auf, das zu unserem »Glaubensmuster« wird.

Gedanken sind eine machtvolle Energie, der wir allein die Kraft zur Verwirklichung geben. Sie sind unabhängig von äußeren Umständen, entwickeln sich jedoch aus unserer Einstellung heraus zu den äußeren Umständen. Diese schmerzvollen Muster haben sich meist wie klebrige Tentakel in unsere DNS und in unser feinstoffliches Feld gewoben und wollen nun endlich geheilt werden. Die Zeit des Dimensionswechsels ist voller Gnade und Vergebung. Die Energien von Loslassen und Hingabe, von Vertrauen und Glaube erlauben nun ein rasches Heilen, das von der Geistigen Welt gesegnet ist und immer unterstützt wird.

Auf menschlicher Ebene bedarf es möglicherweise Geduld, Training und Disziplin, sich von diesen Mustern zu lösen, denn sie tauchen immer wieder auf. Disziplin bedeutet hier »Gedankenhygiene« oder »Gedankendiät«. Das sind zugegebenermaßen unschöne Worte, die nach Arbeit klingen. Aber sie sollen uns nur dazu aufrufen, noch achtsamer mit den eigenen Gedanken umzugehen, sie unter Kontrolle zu halten und uns nicht von ihnen vereinnahmen zu lassen. Sehr schöne oder sehr destruktive Gedanken lösen auch immer entsprechende Gefühle aus, z. B. Freude und Glückseligkeit oder Angst und Ärger. Dies hat weitreichende Folgen auf unsere Schöpfungen, weil jeder Gedanke, aufge-

laden mit dem entsprechenden Gefühl, sehr schnell unsere Realität erschaffen kann.

Was die Ängste anbelangt - ich gehöre übrigens, wie so viele, dem »3 Uhr-Club« an. Ich bin einer der Menschen, die nachts um 3 Uhr aufwachen, sich einige Stunden schlaflos im Bett herumwälzen und dann, wenn es ans Aufstehen geht, eigentlich wieder einschlafen könnten. In dieser Zeit fühlen sich – warum auch immer – bestimmte dunkle Angstmonstergedanken dazu berufen, mich zu besuchen, um mich zu plagen. Sie nähren sich dann von meinem steigenden Blutdruck, dem klopfenden Herzen und den nächtlichen Schweißausbrüchen. Sie erinnern mich gerne an unerledigte Dinge und Probleme, deren scheinbare Unlösbarkeit sie bis ins Unermessliche steigern. Unglücklicherweise liegen diese Stunden meistens in einem Zeitfenster, in der unsere Schöpferkraft sehr stark ist. Die Indianer sagen, es ist die Zeit, wo man »zwischen den Welten spazieren gehen kann«. Würde ich diese Stunden also nutzen, um z. B. eine Welt voll Frieden, stabile Gesundheit, ewige Jugend und Schönheit oder Fülle und Wohlstand für alle zu visualisieren oder mentalen Yoga zu praktizieren, dann hätte ich viel Freude an meinen Kreationen! Zu meiner großen Zufriedenheit, stelle ich aber auch fest, dass mir dies immer häufiger gelingt und den grässlichen Nachtmahren meiner Ängste und Sorgen langsam die Puste ausgeht.

Ängste sind Energien, deren Ursachen oft in unseren früheren Inkarnationen liegen. Sie sind in unseren Zellen und in unserem feinstofflichen Energiefeld gespeichert. Die Angst nährt sich von den negativen Erfahrungen aus Tausenden von Erdenleben, und unsere Gedanken setzen sich in der Matrix unserer Zellen fest. In unserem dualistischen Verständnis ist Angst das Gegenteil von Liebe. Doch meiner Ansicht nach dient sie uns während der Entwicklung unseres Lichtkörpers als starke Überwindungskraft, die es uns ermöglicht, das Alte endgültig loszulassen. Menschliche Ängste, die nun aufsteigen, wie die Angst vor dem Tod, vor finanziellem Mangel, vor dem Verlust des Arbeitsplatzes, des Partners, der Gesundheit usw., sind so unerträglich stark geworden, dass unsere letzte Möglichkeit darin besteht, sie endlich loszulassen. Dann nehmen Freude, Mut, Kreativität und Vertrauen ihren Platz ein.

Übung:

Negative Gedanken und Ängste hinausatmen

(längere Version)

Es ist sehr sinnvoll, alles, was wir loslassen möchten, zunächst im Herzchakra aufzunehmen, denn das ist der Ort der Transformation und der Heilung. Es kostet uns natürlich zunächst eine gewisse Überwindung, negative Gefühle und Gedanken ins Herz hineinzuatmen, weil wir sie doch eigentlich schnell loswerden möchten. Doch ohne Akzeptanz dessen, was ist, kann Heilung nicht geschehen. Nur ein Gedanke, der nicht aus der Liebe kommt, kann uns schaden. Alle liebevollen Gedanken und Gefühle hingegen stärken unser Herz. Mit unserer Gedankenkraft beeinflussen wir die Schwingung in unseren Zellen und auch ihre Lichtqualität und -quantität.

Anleitung:

Schließe deine Augen, atme einige Male tief in dein spirituelles Herzzentrum hinein, und tauche ein in deinen Ort der Stille und des Friedens.

Strahlendes weißgoldenes Licht, Liebe und Freiheit erfüllen diesen heiligen Raum. In deinem spirituellen Herzen, und auch im physischen Herz, ist immer Licht. Wenn du es einmal nicht wahrnehmen kannst, schließe dich an den Lichtstrom der göttlichen Quelle an, und atme weißgoldenes Licht von dort durch dein Kronenchakra in dein Herz hinein.

Wenn du spürst, dass dich Ängste oder quälende Gedanken vereinnahmen wollen, atme sie in dein Herz hinein und wieder hinaus. Die dunklen Energien werden dabei in strahlendes weißgoldenes, kristallines Licht umgewandelt und können so niemandem mehr Schaden zufügen. Das Herz wirkt wie ein Transformator.

Halte deine Augen weiterhin geschlossen, und stelle dir nun die Stränge deiner DNS vor. Nimm deine Ängste als schwarze Punkte oder Schatten auf der Doppelhelix wahr. Atme sie in dein Herz hinein, verwandle sie in Licht, und atme sie mit dem Atem-Lichtstrom wieder aus. Mache dies so lange, bis alle Punkte oder Schatten verschwunden sind und deine DNS-Spirale strahlt und funkelt wie eine Kette aus Diamanten.

Kurze Version

als »Erste-Hilfe-Maßnahme«

Anleitung:

Atme deine Ängste und destruktiven Gedanken in dein Herz hinein – dort wird alles in strahlendes weißgoldenes kristallines Licht umgewandelt.

Atme sie dann als Licht aus dem Herzzentrum hinaus, und lasse sie ins Universum fließen, wo sie in göttlicher Ordnung eine neue Form finden.

Wiederhole dies so lange, bis sich im Brustkorb und im Solarplexus ein Gefühl des Friedens und der Leichtigkeit einstellt.

Ich finde es auch sehr angenehm, immer wiederkehrende und belastende Gedanken in den Farben Grün, Rosa und Gold zu baden. Das sind die Farben der Heilung und der Vervollkommnung in unserem spirituellen Herzzentrum. Oder ich umhülle diese Gedanken mit einem weiß-rosa Heilbalsam, lasse sie ruhen und mache dann meistens die Erfahrung, dass sie sich zum Positiven verändert haben.

In dieser besonderen Zeit des Aufstiegs, in der das Alte geht und das Neue noch nicht wirklich greifbar ist, in diesem »Niemandsland« unseres Sicherheitsdenkens ist es ganz normal, dass wir Verlustängste haben. Wir haben Angst um den Arbeitsplatz, unser gesichertes Einkommen, vor dem Alleinsein, vor einer Krankheit oder vor Naturkatastrophen.

In diesem Fall hilft es sehr, sich über den Dimensionswechsel und seine Auswirkungen auf die Erde und ihre Bewohner zu informieren. Dadurch können wir vieles, was passiert, besser einordnen und verstehen. Menschen, die wissen, was die globalen Veränderungen bewirken, was mit dem »Lichtkörperprozess« oder »Aufstieg« gemeint ist und warum die alten Wirtschafts- und Finanzsysteme zusammenbrechen, gehen bedeutend gelassener und vertrauensvoller mit herausfordernden Situationen in ihrem Leben um als die Menschen, die sich mit dem Dimensionswechsel und seinen Auswirkungen nicht auskennen.

Einen großen Einfluss auf unsere Denkmuster haben das Kollektiv und seine Vertreter, damit meine ich einflussreiche Menschen aus Politik, Wirtschaft, Kirche, Gesellschaft und vor allem die Massenmedien. Bestimmte Informationen und Nachrichten können bei einer Vielzahl von Menschen verheerende Auswirkungen auf deren Gedanken und Gefühle haben und damit eine unerwünschte »Realität« erschaffen.

Wenn zum Beispiel Millionen von Menschen fest daran glauben, dass sie durch die Wirtschafts- und Finanzkrise ihren Arbeitsplatz verlieren, dann wird dies so geschehen. Sie berauben sich damit jedoch der Möglichkeit, in der Krise eine Chance auf eine neue und andere Arbeit zu sehen, die ihnen besser entspricht und ihnen Erfüllung auf allen Ebenen geben kann.

Auch wenn die Menschheit davon überzeugt ist, dass im Jahr 2012 die Welt untergehen wird und Katastrophenfilme dies unterstützen, wird unsere Erde trotzdem weiter bestehen, wenn auch in einem neuen Gewand.

Der Grund dafür ist, dass bereits sehr viele erwachten Menschen an eine Welt der Liebe und des Friedens glauben, an ein Paradies auf Erden, in dem keiner mehr hungern muss und in dem das Einheitsbewusstsein Einzug in die Herzen aller hält.

Auch ich versuche, wann immer es geht, meine Gedanken und Gefühle in diese Richtung zu lenken, indem ich mich auf mein Herz fokussiere. Ich vermeide es, mir schlechte Nachrichten und entsprechende Gewalt darstellende Bilder im Fernsehen oder im Kino anzuschauen. Bilder prägen sich besonders gut in unser System ein und entfalten dort ihre Angst einflößende und depressiv machende Wirkung. Darüber hinaus schwächen sie unser Immunsystem und unsere feinstofflichen Körper.

Vielleicht achtest du auch einmal darauf, welcher Film welchen Eindruck in dir hinterlässt. Wie fühlst du dich, nachdem du einen Film geschaut hast? Kannst du gut schlafen? Verfolgen dich Bilder und Gefühle, oder hast du viel gelacht und fühlst dich harmonisch und gut unterhalten?

Eines ist noch wichtig: Es geht hier nicht darum, unangenehme oder schreckliche Realitäten zu leugnen und das »Mäntelchen« von Licht und Liebe über sie auszubreiten. Wenn wir bei allem, was geschieht, in unserer liebevollen, mitfühlenden Neutralität bleiben, sind wir motiviert, zu handeln, also zu helfen, uns zu engagieren, zu spenden usw., und verfallen dennoch nicht in Aggression, Depression, Resignation oder Verzweiflung.

Du und ich, wir alle haben die wunderbare Kraft der Imagination und Kreation als Geschenk des Schöpfers mitbekommen. Wir sollten dieses Geschenk wie eine Kostbarkeit behandeln, indem wir es mit Liebe, Achtsamkeit und Bewusstsein einsetzen, zum Wohle aller.

Die Heilkraft der Spirale
der Hathoren

Die Spiralform ist überall in der Schöpfung präsent: in den Spiralnebeln der Galaxien, in den Windungen unseres Gehirns, in der Anordnung der Samen einer Sonnenblume, in der Art, wie Wasser verwirbelt und in unseren feinstofflichen Energiezentren, den Chakren. Der Haarwirbel auf unserem Kopf nimmt die Energie der göttlichen Quelle und des Universums auf. Und wenn wir unsere Chakren miteinander vereinigen, geschieht dies vom Herzchakra aus in konzentrischen Kreisen, bis all unsere oberen und unteren Energiezentren von strahlendem Licht durchflutet sind. Auch die Kundalini, unsere spirituelle Lebenskraft, liegt zusammengerollt wie eine Schlange in unserem Wurzelchakra. Sie entrollt sich spiralförmig nach oben, alle Hauptchakren aktivierend, wenn wir bereit sind, unsere Schwingung so weit zu erhöhen, dass die Kundalini erwachen kann.

Die Spirale ist eine archaische spirituelle Form, die das gesamte Universum durchdringt und die sich an vielen Kraftorten und heiligen Stätten zeigt. Sie ist das Alpha und das Omega, und sie durchdringt alle Trennungen, indem sie uns als Weg den Plan des Schöpfers weist. Die Spirale symbolisiert seit Jahrtausenden die Reise unserer Seele in die Ganzheit und Unendlichkeit unseres Seins. Der Aufstieg des erwachenden Menschen geschieht immer von innen nach außen, und haben wir den Schatz in unserem Inneren erst entdeckt, strahlt seine Kraft wieder nach außen, in die Welt hinein. Unser Transformationsprozess verläuft demnach spiralförmig von der Unbewusstheit in die Selbsterkenntnis.

Wenn wir einen Berg erklimmen wollen, können wir den steilen, anstrengenden, geraden Aufstieg nach oben wählen. Eine andere Möglichkeit bietet sich uns im Weg der sanften Spirale, die sich rings um den Berg herumwindet und mit ihren kleinen Oasen zum Rasten einlädt. Dieser Pfad dauert länger, doch er kommt unseren Bedürfnissen nach Schutz, Komfort und Pausen entgegen. Der Gipfel eines Berges ist dem Himmel sehr nah. Er verbindet Himmel und Erde miteinander und macht die Transzendenz erfahrbar.

Vor Jahren erkletterte ich auf der Kanareninsel La Gomera einen hohen Felsen, auf dessen Gipfel eine kleine Kapelle stand, die mich magisch anzog. Oben angekommen, bot sich mir ein atemberaubender Ausblick, den ich nur als »göttlich« bezeichnen kann. Auf Augenhöhe erstreckten sich sanfte blaugrüne Hügel, eingebettet in das strahlende Gold des von der Abendsonne beschienenen Ozeans. Für mich war dies die »Heimat der Götter«, die perfekte Verbindung von Himmel und Erde.

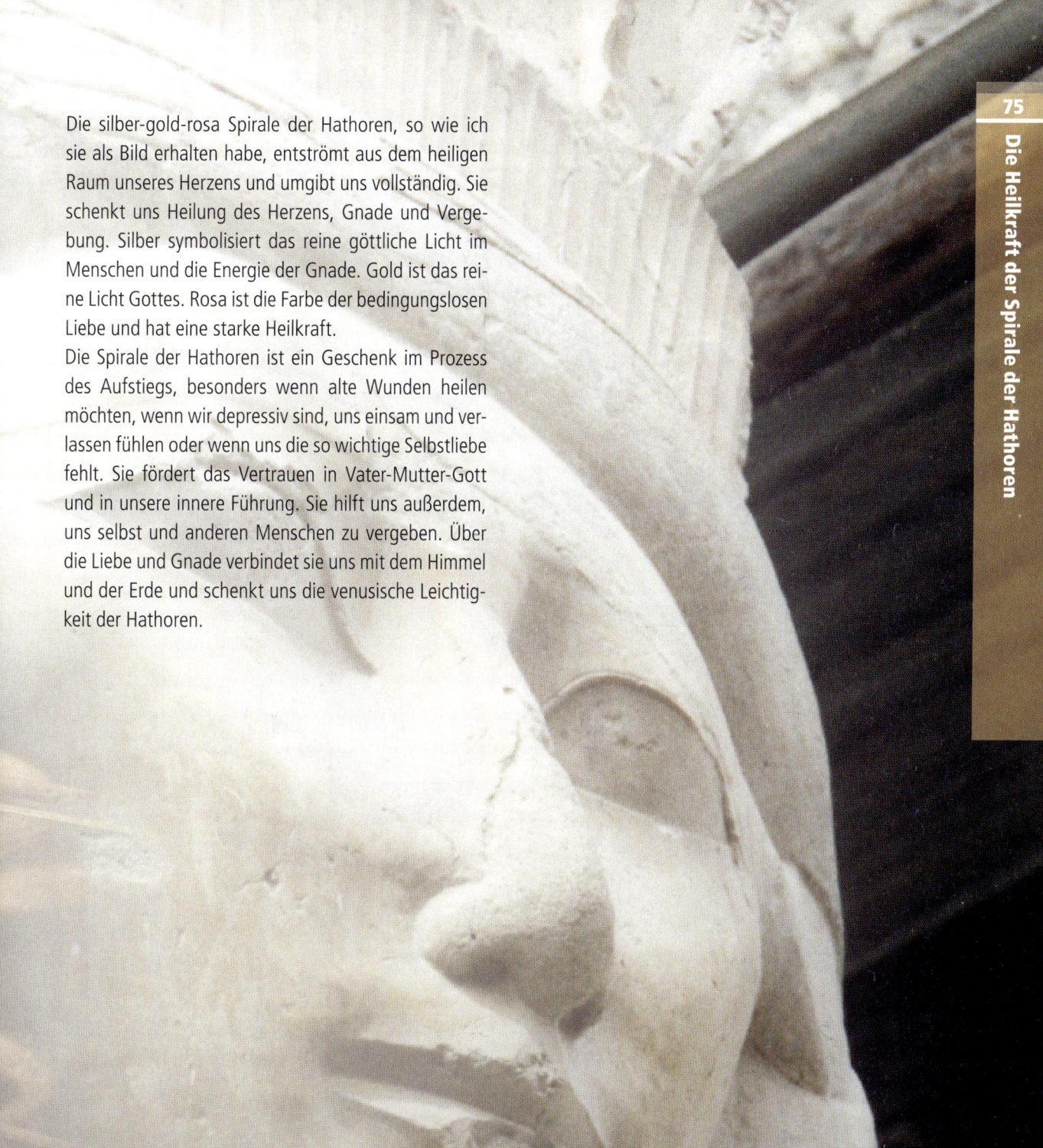

Die silber-gold-rosa Spirale der Hathoren, so wie ich sie als Bild erhalten habe, entströmt aus dem heiligen Raum unseres Herzens und umgibt uns vollständig. Sie schenkt uns Heilung des Herzens, Gnade und Vergebung. Silber symbolisiert das reine göttliche Licht im Menschen und die Energie der Gnade. Gold ist das reine Licht Gottes. Rosa ist die Farbe der bedingungslosen Liebe und hat eine starke Heilkraft.

Die Spirale der Hathoren ist ein Geschenk im Prozess des Aufstiegs, besonders wenn alte Wunden heilen möchten, wenn wir depressiv sind, uns einsam und verlassen fühlen oder wenn uns die so wichtige Selbstliebe fehlt. Sie fördert das Vertrauen in Vater-Mutter-Gott und in unsere innere Führung. Sie hilft uns außerdem, uns selbst und anderen Menschen zu vergeben. Über die Liebe und Gnade verbindet sie uns mit dem Himmel und der Erde und schenkt uns die venusische Leichtigkeit der Hathoren.

Übung:
Die Spirale der Heilung

Anleitung:

Setze dich bequem auf einen Stuhl oder auf ein Sofa, und schließe die Augen.

Sei dir des heiligen Raums in deinem Herzen bewusst.

Lasse nun in deiner Vorstellung die silber-gold-rosa Spirale aus deinem Herzensraum strömen. Erlaube ihr, dass sie dich vollständig umhüllt. Möglicherweise dringt sie tief in die Erde hinein und dehnt sich auch nach oben aus, weit in den Himmel. Vielleicht geht sie aber auch nur bis zu deinen Füße bzw. deinem Scheitel.

Nimm nun die sanfte, tröstliche Heilenergie wahr, und erlaube den Farben Silber, Gold und Rosa, dich vollständig zu durchdringen. Bleibe so fünf bis zehn Minuten lang.

Wenn du die Übung beenden willst, dann erlaube der Spirale, sich wieder in deinen Herzensraum zurückzuziehen.

Das Herz als
»Pool der Heilung«

Der heilige Raum in unserem Herzen ist eine der größten Kostbarkeiten, die wir von unserem Schöpfer mitbekommen haben. Er ist der Ort des Einsseins, des Friedens und der Liebe, die ohne Bedingungen einfach nur Ist. In ihm sind wir untrennbar mit Gott verbunden, die Dualität und jede Trennung werden als Illusion entlarvt. Wenn wir unserer wahren Seelenkraft, unserer Essenz, begegnen wollen, finden wir sie in diesem Raum, in dem sich Himmel und Erde, die göttliche männliche und die göttliche weibliche Energie, vereinigen. Hier findet auch deren Vereinigung als »heilige Hochzeit« statt.

Der spirituelle Lehrer Drunvalo Melchizedek, der die Bücher über die »Blume des Lebens« geschrieben hat, erforscht seit über zehn Jahren diese »geheime Herzenskammer«. Er hat herausgefunden, dass wir das gesamte Universum in unseren Herzen tragen. Aus diesem heiligen Raum heraus können wir erschaffen. Hier finden wir alle Antworten auf die essenziellen Fragen unsere Seins, ohne die Antworten von unserem Verstand beeinflussen zu lassen.[11]

Das HeartMath-Institute hat übrigens festgestellt, dass – im Vergleich zu anderen Organen – unser Herz über das größte elektromagnetische Feld verfügt. Es ist weitaus größer als das unseres Gehirns und misst etwa zwei bis drei Meter im Durchmesser.[12]

Die Herzensqualitäten, wie bedingungslose Liebe, Mitgefühl, Gnade, innerer Frieden usw., machen uns – wenn wir sie in unserem Alltag leben – zu wahren Erden-Engeln. Unser Herz ist wie ein Transformator: Alle Gefühle und Gedanken, die wir bewusst das Herz passieren lassen, werden automatisch gereinigt und in Liebe verwandelt. Dieser Reinigungs- und Aufladungsprozess geschieht auch mithilfe des kristallinen, diamantenen Schöpferlichts in unserem Herzen. Je bewusster und erwachter wir sind, desto strahlender ist diese kristalline Ursprungs-Gotteszelle in unserer spirituellen Mitte. In unserer heiligen Herzenskammer finden wir Heilung auf allen Ebenen.

Alles, was uns Menschen in unserem Alltag begegnet, unsere Gesundheit, unser Beruf, die Liebe, Partnerschaft, soziale Beziehungen sowie finanzielle Fülle und Wohlstand, ist sehr oft mit destruktiven Gedanken und Gefühlen besetzt. Um wirklich glücklich und erfolgreich zu sein, müssen die entsprechenden Denk- und Fühlmuster in pure Freude umgewandelt werden.

In der Zukunft werden wir alles aus dem Herzen heraus erschaffen, nur dies wird uns Nachhaltigkeit, Frieden und Glückseligkeit bescheren! Dies hat zur Folge, dass wir unserem Inneren Heiler und unserem Inneren Lehrer, schlicht unserem Höheren Selbst, zu 100 Prozent vertrauen werden. Wir fällen dann alle Entscheidungen aus dem Herzen und kreieren aus der Energie der Fülle. Fülle auf allen Ebenen entsteht nur aus der Freude und der Leichtigkeit heraus. Wann geht uns das Herz auf? Was macht uns wirklich satt und nährt uns? Von welchen Menschen fühlen wir uns angenommen und gestärkt? Bei welcher Tätigkeit bekommen wir rote Wangen vor lauter Feuereifer? Eigentlich sollten wir von allem, was wir tun, begeistert sein, denn die Energie des Herzens ist auch das Sonnenfeuer, das uns anspornt, authentisch zu sein und in unserer wahren Kraft zu bleiben.

Unser Herz ist eine echte Quelle der Heilung, denn die Liebe, die im Herzen wohnt, heilt alles, auch unsere Gedanken und Gefühle. In der Neuen Energie ist es nicht mehr nötig, jahrelang die Couch eines Therapeuten zu besetzen, um vielleicht doch als »therapieresistent« nach Hause geschickt zu werden. Es gibt heute immer mehr Techniken, die aufgrund ihrer hohen Schwingung einen schnellen Heilerfolg bringen können. Deshalb ist es wichtig, dass wir mit offenen Herzen entscheiden, mit welcher Methode wir in Resonanz gehen.

Mit der folgenden Meditation kannst du den kristallinen Herzensraum für die Heilung deiner Gefühle und Gedanken nutzen.

Meditation:
Die Heilquelle in deinem Herzen

Schließe deine Augen, entspanne dich, und stelle dir vor, dass du deinen Kopf verlässt und dich durch deinen Hals direkt in dein Herz begibst. Summe dabei den Herzenston »AAAHHH«.

Allein durch deine Absicht und mit deiner inneren Führung bewegst du dich in die Herzenskammer hinein. Bitte um Licht, und schaue dich genau um. Nimm einfach nur wahr …

In der Herzenskammer, die sich dir auch als eine riesige Halle zeigen kann, entdeckst du eine sprudelnde Quelle aus rosafarbenem kristallinen Licht, die in einen See aus diamantenen Partikeln fließt.

Wenn du dich mit Engeln, Aufgestiegenen Meistern oder anderen lichtvollen Wesen verbunden fühlst, lade sie ein, dich bei der Heilung deiner Gedanken und Gefühle zu unterstützen. Dies können z.B. die Elohim-Engel sein, die die Schöpfer-Engel sind, Erzengel Michael, Raphael oder Metatron, die heilige Mutter Maria, Jesus Christus, St. Germain oder Hilarion …

Lasse jetzt einen Gedanken oder ein Gefühl in dir aufsteigen, das dein Leben momentan schmerzvoll beeinträchtigt, z.B. Angst, Wut oder Mangel. An welcher

Stelle deines Körpers befindet sich dieser Schmerz? Kannst du ihn fühlen und ihn in einem Satz benennen, z. B.: »Ich habe Angst vor …«, »Ich bin wütend, weil …«, oder: »Ich fühle mich klein und unwert, weil …«?

Stelle dir vor, wie du deine Empfindung in die Quelle aus rosafarbenem Licht hineintauchst, in der sie sanft gereinigt und schließlich im diamantenen See in reine Liebe umgewandelt wird. Wiederhole dies mit anderen Gefühlen oder Gedanken, und nimm dabei die liebevolle Gegenwart der Lichtwesen wahr.

Bedanke dich nun bei ihnen, und komme langsam wieder in dein Tagesbewusstsein zurück, indem du dich auf deinen Kontakt zur Erde oder auf deine Knochen konzentrierst. Sei dir bewusst, dass du jederzeit in deinen heiligen Herzensraum zurückkehren kannst, um deine Gefühle und Gedanken in der Heilquelle und im diamantenen See zu klären.

Meditation:
Überzeugungen umwandeln in der Heilquelle deines Herzens

Setze oder lege dich hin, verbinde dich gut mit Himmel und Erde, und atme lang und tief in deinen Bauch hinein, der sich beim Einatmen hebt und beim Ausatmen senkt. Atme nun durch dein Herzchakra ein und aus, bis sich ein Gefühl von tiefem inneren Frieden in dir ausbreitet. Sende Dankbarkeit und Wertschätzung zu Himmel und Erde.

Richte deine Aufmerksamkeit nun auf dein physisches Herz, dorthin, wo sich der heilige Raum befindet. Allein durch deine Absicht und innere Führung bewegst du dich in deinen Herzensraum hinein und bittest dann um Licht.

In diesem nun hell erleuchteten Raum, der sich dir als eine riesige Halle, eine Höhle oder auch anders zeigen kann, entdeckst du eine sprudelnde Quelle aus rosafarbenem Licht, die in einen See aus diamantenen Partikeln fließt.

Wenn du dich mit Engeln, Aufgestiegenen Meistern oder anderen lichtvollen Wesen verbunden fühlst, lade sie ein, dich bei der Umwandlung deiner negativen Überzeugungen zu unterstützen. Dies können z.B. Erzengel Michael, Raphael oder Metatron, die heilige Mutter Maria, Jesus Christus, St. Germain oder Hilarion sein. Nimm wahr, wie sie auf Kristallstühlen rund um die Quelle Platz nehmen, um dich in deinem Heilungsprozess zu unterstützen.

Spüre in dich hinein, was die Worte, die du nun aussprichst, in dir auslösen:

»Ich fühle mich ganz und gar wohl und auch willkommen auf dieser Erde.«

Kannst du diese Überzeugung für dich aus ganzem Herzen bejahen, oder hast du eher das Gefühl, dass du noch nicht wirklich hier auf der Erde angekommen bist und dich keiner wirklich so wahrnimmt, wie du bist? Falls dies so ist, dann übergib diese Überzeugung der Quelle aus rosafarbenem kristallinen Licht, in der sie sanft gereinigt und schließlich im See aus diamantenen Partikeln umgewandelt wird in Angekommen- und Angenommensein. Sieh, wie dich die Lichtwesen und Engel liebevoll bei deiner Heilung unterstützen.

Spüre, wie sich diese Worte für dich anfühlen:

»Ich gebe immer mein Bestes und bin gut genug, so, wie ich bin.«

Wie reagierst du in deinem Herzen auf diesen Satz? Stimmt er so für dich, oder glaubst du, dass andere Menschen besser sind als du und du dich eigentlich noch mehr anstrengen könntest, um deinen Ansprüchen zu genügen?
Wenn du so denkst, übergib deine negativen Glaubensmuster der rosaroten Quelle, und fühle, wie sie im diamantenen See in Selbstwert und Selbstliebe transformiert werden.

Spüre, was du bei diesen Worten empfindest:

»Ich spreche meine eigene Wahrheit aus und muss meine Gefühle nicht verstecken.«

Wenn dies nicht deinem Erleben entspricht, reinige auch dieses Muster wieder sanft in der Quelle, und verwandle deine Überzeugung in Mut, Authentizität und Klarheit. Sei dir der Gegenwart der Engel und Aufgestiegenen Meister bewusst, die deine Entwicklung auf ihre eigene Weise begleiten.

Spüre, was diese Worte in deinem Herzen auslösen:

»Ich achte darauf, gut für mich zu sorgen, und bin zuerst für mich selbst verantwortlich.«

Kannst du dies für dich und dein Leben bejahen, oder stellst du dich und deine Bedürfnisse immer hinten an? Fühlst du dich oft verantwortlich für Menschen, die gut für sich selbst sorgen könnten? (Dies betrifft natürlich nicht deine minderjährigen Kinder.)

Wenn ja, übergib diese Gefühle der rosaroten kristallinen Quelle der Transformation. Sie wird alles im diamantenen See in Selbstliebe, Selbstverantwortung und Meisterschaft umwandeln. Nimm wieder die liebevolle Gegenwart der Lichtwesen wahr.

Bedanke dich nun bei ihnen, bei der Quelle und dem See. Verlasse deinen heiligen Herzensraum wieder, und komme dann in dein Tagesbewusstsein zurück, indem du dich auf deine Knochen konzentrierst. Das erdet dich besonders gut.

Sei dir bewusst, dass du jederzeit in deinen heiligen Herzensraum zurückkehren kannst, um deine negativen Überzeugungen in der Heilquelle und dem See zu klären.

Das Herz als Quelle der Selbstliebe

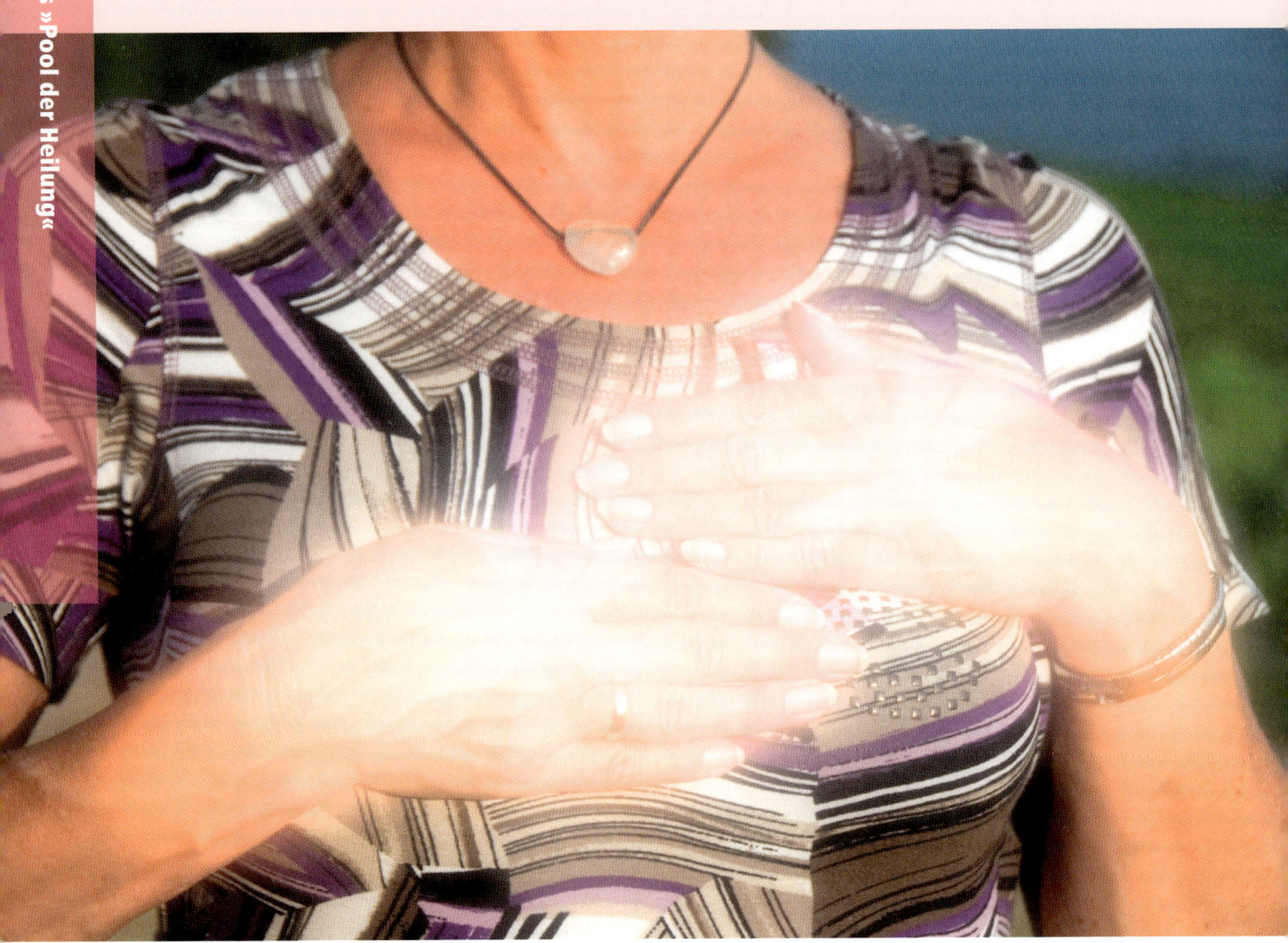

Ich bin davon überzeugt, dass jede Krankheit, jede Disharmonie, betrachtet man sie aus einer höheren Perspektive, durch einen Mangel an Selbstliebe entsteht. Selbstliebe wird fälschlicherweise oft mit Egoismus verwechselt, doch das ist nicht ihre Natur. Wenn wir uns selbst lieben, nehmen wir unsere Göttlichkeit an. Doch der Satz »Ich bin göttlich« kommt selbst Lichtarbeitern manchmal schwer über die Lippen. Für Menschen, die stark durch die Kirche geprägt wurden, klingt er sogar wie Blasphemie. Allenfalls können sie noch akzeptieren, dass sie »Kinder Gottes« sind, doch sind wir damit nicht auch göttlich? Gott hat in jeder unserer Zellen seine Signatur hinterlassen und uns nach seinem Ebenbild erschaffen. Doch wir haben dies mit unserer Entscheidung vergessen, in der Dualität und der Trennung zu existieren. Das weltweite kollektive spirituelle Erwachen erinnert uns an unsere göttliche Natur und damit an die Liebe, die auch immer Selbstliebe ist.

Im Moment gibt es viele schwerkranke Menschen, liebe Freunde und Bekannte um mich herum, und ich ehre und wertschätze sie auf ihrem Weg. Doch gleichzeitig sehe ich auch, welch wertvollen und erkenntnisreichen Spiegel ich vorgehalten bekomme: Wo vernachlässige ich mich? Wo achte ich nicht auf die Bedürfnisse meines Körpers? Wo bleiben Abgrenzung, Ruhepausen, liebevolle, konstruktive Gedanken, Visionen? Wo bin ich so in der Maschinerie des täglichen Lebens verhaftet, dass ich mich als »Erdling« gar nicht mehr spüre? Wo bleibt die Selbstliebe?
Die Selbstliebe ist der Schlüssel zur Heilung auf allen Ebenen. Sie schenkt uns Gesundheit, Fülle, glückliche Beziehungen und vieles andere mehr, denn sie befähigt uns, Liebe zu verströmen.
Ich spüre sie in der Stille und im friedvollen Raum meines Herzens, wenn ich meine Seele aufsuche, um ihr zuzuhören. Wir haben die Macht und die Kraft, uns selbst zu heilen, weil wir Mitschöpfer sind. Die Quelle der Selbstliebe sprudelt unversiegbar in unserem Herzen und kann jederzeit von uns angezapft werden. Ich habe vor Kurzem für einen sehr kranken Freund die Botschaft bekommen: »Kämpfe nicht um dein Leben, sondern liebe dich um dein Leben.« Diese Botschaft hat mich sehr berührt, und die folgende Übung ist daraus entstanden:

Übung zur Selbstliebe

Anleitung:
Lege oder setze dich entspannt hin, und nimm ein paar tiefe Atemzüge. Bleibe in dem Bewusstsein, dass du dir jetzt Zeit nur für dich schenkst, allein aus dem Grund, weil du dich liebst …

Lege deine Hände auf dein spirituelles Herzzentrum. Das schließt auch immer das physische Herz ein. Erzeuge in dir das Gefühl der Liebe und Wertschätzung für dich, der du Körper, Geist und Seele bist. Ehre und liebe dich für deinen Weg. Vielleicht spürst du, wie dein Herzensraum sich öffnet, ausdehnt und sich die Wärme der Liebe, Freude und Selbstliebe in dir ausbreitet. Mögli-

cherweise nimmst du auch ein Licht oder eine Farbe wahr. In welcher Farbe zeigt sich dir deine Selbstliebe?

Sprich nun laut:
»Ich liebe mich, so wie ich bin. Ich liebe meinen Körper, so wie er ist. Ich bin göttlich.«

Sprich dies nur aus, wenn es sich auch wahr und richtig für dich anfühlt. Sonst warte noch ein wenig, bis sich dieses Gefühl in dir eingestellt hat. Stelle dir vor, und fühle, wie die Lichtquelle der Selbstliebe aktiviert wird, wie sie immer heller, strahlender, sprudelnder wird …

Mit deinen Händen tankst du die Energie aus deinem Herzen und gibst sie weiter an die Organe oder Körperteile, die Heilung brauchen. Lege dazu deine Hände auf die betreffenden Körperstellen. Tanke zwischendurch immer wieder Liebes- und Heilenergie auf. Falls du die Stellen nicht erreichst, arbeite mit deiner Vorstellungskraft, indem du die Energie aus dem Herzensraum direkt in die Körperteile lenkst.

Du kannst auch deinen feinstofflichen Körper heilen. Halte dazu die Hände in deine Aura, und sprich laut:
»Mit der Kraft meiner Herzensliebe zu mir selbst und zu allem, was ist, heile ich nun meinen Emotionalkörper, meinen Mentalkörper, usw. Danke!«

Öffne nun wieder die Augen, und sei dir bewusst, dass du die Quelle in deinem Herzen jederzeit nutzen kannst.

Der rosarote Herzensstrahl
und der ureigene Herzenston

Der rosarote Herzensstrahl verbindet Menschen auf der Herzensebene miteinander. Die Farbe Rosa unterstützt die Schwingung der Liebe und heilt alte emotionale Wunden, besonders wenn wir die Farbe aus der göttlichen Quelle des Universums visualisieren. Der rosarote Strahl wird in der »Lehre der Zwölf Göttlichen Strahlen« von Claire Avalon[13] Erzengel Chamuel und der Aufgestiegenen Meisterin Lady Rowena zugeordnet. Beide machen die bedingungslose Liebe und die Kraft und Freiheit des Herzens für uns erfahrbar.

Begegnen sich Menschen z. B. in einem Workshop, dann ist es sinnvoll, wenn sie sich vor den Übungen über den rosaroten Herzensstrahl miteinander verbinden. Diese Liebesenergie öffnet alle Schleusen für das Einssein, der Verstand tritt in den Hintergrund und sofort entsteht Vertrauen zwischen den Menschen, selbst dann, wenn sie sich nicht gut kennen.

Ist es möglich, jemandem Liebe zu senden, mit dem mich vermeintlich nichts verbindet? Ja, denn wir sind immer mit allen Menschen und allem verbunden. Wenn wir einmal unser Umfeld nicht mit den Augen betrachten und dem Denken bewerten, sondern direkt aus dem Herzen heraus schauen, dann fällt es uns ganz leicht, den anderen urteilslos zu lieben und wertzuschätzen. Wir sehen dann die Schönheit seiner Seele und seine Meisterschaft und nicht das irdische Gewand seiner Persönlichkeit. Diese Ur-Form der göttlichen Liebe (gr. Agape) ist direkt aus dem Herzen geboren und steht uns jederzeit wie eine ewig sprudelnde Quelle zur Verfügung. Wenn wir unsere Aufmerksamkeit auf unser spirituelles Herzzentrum richten und dabei die Gefühle von Liebe und Wertschätzung entwickeln, schwingen wir auf der Ebene des Schöpfers.

Der Forscher und Musiker Dr. Manfred Clynes hat herausgefunden, dass Emotionen Druckwellen erzeugen, die man mit bestimmten mathematischen Messmethoden analysieren kann. Die »Emotion der Wertschätzung« z. B. entspricht – in einer Zahl ausgedrückt – exakt der Proportion des Goldenen Schnitts, nämlich 1,6180…, welcher der Inbegriff von Ästhetik und Harmonie ist.[14]

Unsere Emotionen haben einen Einfluss auf die DNS in unseren Zellen. Positive Emotionen wie Liebe, Frieden und Vertrauen stärken sie, negative wie Hass, Neid, Wut etc. schwächen sie. Wenn wir uns im Gefühl der Wertschätzung befinden, stärken wir also die atomaren Strukturen unserer DNS. Außerdem können Gedanken und Gefühle den Herzrhythmus verändern, unser Immunsystem beeinflussen und auf die Funktion unseres Gehirns und damit auf unser gesamtes Wohlbefinden einwirken. In vielen alten Kulturen wurde zudem das Herz als »Sitz der Seele« betrachtet.

Wollen wir Gefühle von Wertschätzung oder Liebe in Tönen oder Klängen mit unserer eigenen Stimme ausdrücken, dann erschaffen wir fast automatisch den Herzenston »AAAHHH«. Dieser Ton ist die authentische, wahre Stimme unseres göttlichen Selbst und bringt all unsere Zellen in eine hohe, heilende Schwingung der Balance. Wenn in einem Raum viele Menschen ihr Herz zum Singen bringen, dann entsteht ein harmonischer Chor, der sich wie ein Engelsgesang anhört, einfach wunderschön.

Der Biophysiker Dr. Patrick Flanagan hat mittels eines einfachen Experiments Menschen davon überzeugt, dass Liebe die stärkste Kraft im Universum ist. Seine Theorie lautet: Wenn ein Mensch sich in einem Zustand von bedingungsloser Liebe und Glückseligkeit befindet, dann schlagen seine Herztöne im sogenannten Phi-Verhältnis. Wir kennen »Phi« auch als die Zahl des Goldenen Schnitts. Diese Zahl steht für die perfekte harmonische Proportion in der Bildende Kunst, der Architektur und der Musik. Sie zeigt sich überall in der Natur. Auch unsere DNS beispielsweise entspricht dem Goldenen Schnitt.

Durch das Experiment von Dr. Flanagan wird klar, dass auch die Liebe diesen harmonischen Proportionen entspricht. Über ein EKG hatte er den Herzschlag eines Menschen aufgezeichnet, diesen in musikalische Akkorde und anschließend in eine mathematische Zahlenfolge übersetzt. Hatte die Versuchsperson Angst, dann erhielt er ein völlig anderes Zahlenverhältnis als bei der Untersuchung von liebenden Menschen, bei denen die Untersuchung immer den Goldenen Schnitt bzw. die Zahl Phi ergab.

Er führte dieses Experiment auch an sich und mit seiner damaligen Freundin Stephanie durch. Beide waren mit Elektroden am selben Gerät angeschlossen. Sie sprach zu diesem Zeitpunkt mit jemandem und war nicht im Zustand der Liebe. Er schloss seine Augen, versetzte sich in Liebesenergie, und sofort erzeugte sein Herzschlag das Phi-Verhältnis. Als er an Stephanie dachte, passte sich ihr Herzschlag im selben Moment dem seinen an und ging in perfekter Übereinstimmung in den Zustand des Goldenen Schnitts über, den Flanagan auch das »Liebesverhältnis« nennt. Dann wiederholte er dieses Experiment mit zwei Geräten über eine Entfernung von mehr als 16.000 Kilometern über das Internet. Jeder war an ein Gerät angeschlossen, wusste aber nicht, was der andere machte, dachte und fühlte. Patrick Flanagan ging in den Zustand der Liebe, und in dem Moment, in dem er an die Person, in diesem Fall einen Freund, dachte, ging deren Herzschlag in exakt dasselbe mathematische Verhältnis über – und das über so eine große Distanz. Liebe überwindet also wirklich alle Grenzen.

Dr. Flanagan empfiehlt Menschen, die sich so von einem anderen Menschen verletzt fühlen, dass eine konstruktive Kommunikation mit dem anderen nicht möglich ist, einfach in den Zustand der Herzensliebe zu gehen, an die betreffende Person zu denken und auf diese Weise Heilung auf beiden Seiten geschehen zu lassen. Weil Liebe diese starke Kraft ist, wird sich der Herzschlag der anderen Person selbst dann anpassen, wenn sie nicht weiß, dass jemand an sie denkt.

Es gibt ein weiteres, sehr wirkungsvolles »Experiment der Liebe« von ihm, das ich selbst schon mit meiner Gruppe ausprobiert habe: Während eines Vortrags vor über 2.000 Menschen fragte er, ob irgendjemand aus dem Publikum starke Schmerzen habe. Er wählte eine Frau aus, die offensichtlich auf mehreren Ebenen Heilung brauchte. Normalerweise erwartet man, dass Dr. Flanagan das Publikum bitten würde, der Frau Heilenergie zu senden. Er bat sie aber, sich selbst in einen Zustand der Liebe zu begeben und diese Liebe den vielen Menschen im Saal zu schicken. Nach einigen Minuten war die Frau völlig schmerzfrei. Was war geschehen? In dem Moment, in dem sie ihre Liebe verschenkte, gingen alle anderen Menschen mit ihr in Resonanz und passten ihren Herzschlag der Frau an. So ergab sich ein ständiges Hin- und Herfließen der wunderschönen Heilenergie namens »Liebe«.[15]

Übung:

Der rosarote Herzensstrahl

Anleitung:

Setze dich dem Menschen gegenüber, den du thera-
peutisch behandeln oder mit dem du eine Partnerübung machen willst. Öffne dein Kronenchakra und
dein Herzchakra weit.

Visualisiere, fühle oder höre rosarotes Licht aus dem
Universum, und lasse es in dein Kronenchakra hinein-
fließen und weiter in dein Herzchakra. Entwickle das
Gefühl von Liebe und Wertschätzung in dir.

Stelle dir nun den rosaroten Herzensstrahl vor, und
sende ihn direkt in das Herzchakra deines Gegenübers.
Lasse deine Liebe und Wertschätzung aus dir heraus
und zu deinem Gegenüber strömen. Wenn du möchtest, chante den Herzenston »AAAHHH«.
Dein Partner macht dabei dasselbe.

Ritual:

»Das Boot der Liebe«

Auch bei diesem Gruppen-Ritual spielen das Geben und Nehmen sowie das Senden und Empfangen von Liebe eine entscheidende Rolle. Weil alle Personen recht eng beisammen »in einem Boot sitzen« und der rosarote Herzensstrahl durch alle hindurchfließt und weitergegeben wird, erfahren viele Menschen dieses Ritual als sehr intensiv, warm und liebevoll.

Anleitung:

Mindestens sechs bis acht Leute setzen sich hintereinander auf den Boden oder auf Stühle und bilden so ein »Boot« oder ein »Kanu«. Je mehr Menschen an diesem Ritual teilnehmen, desto stärker wird die Energie der Liebe.

Die erste und die zweite Person sitzen sich dabei gegenüber, die anderen Herz an Rücken hintereinander. Auf diese Weise sitzen sich auch die letzte und die erste Person wieder gegenüber. Sie sind Sender und gleichzeitig Empfänger.

Die erste Person schickt nun den rosaroten Herzensstrahl und die Gefühle der Liebe und Wertschätzung durch alle anderen Herzen hindurch bis zur letzten Person – und diese wiederum schickt sie zurück. Die wunderbaren Herzensqualitäten fließen nun durch die Herzen aller Personen und werden vervielfacht – ein unbeschreibliches Erlebnis.

Auch hier verstärkt sich die heilsame Wirkung, wenn alle den Herzenston »AAAHHH« singen!

Herzensverbindung
mit der Geistigen Welt

Die lichtvollen Wesen aus der Geistigen Welt, Vater-Mutter-Gott, die Engel, die Aufgestiegenen Meister und Meisterinnen, Sternenbrüder und -schwestern, die Hathoren und Sirianer, Plejadier, und Arkturier usw., aber auch die feinstofflichen Hüter der Erde, die Elementargeister, die Feen, Elfen, Sylphen, Nymphen, Salamander und Zwerge, sie alle sind wichtige Helfer für uns Menschen in der Zeitenwende. Sie sind voller Liebe und Mitgefühl für unsere zum Teil sehr schmerzhaften Prozesse und stehen mit ausgebreiteten Armen da, um uns zu empfangen, wenn wir sie rufen.

Möglicherweise helfen sie uns nicht so, wie wir es aus unserem Ego heraus erwarten, doch sie lenken immer unser Leben zum Wohle aller. Die Geistige Welt kennt den göttlichen Plan und richtet sich nach ihm, darauf können wir vertrauen. So entspringt alles, was wir erfahren, einem tiefen Sinn, den wir nur dann begreifen, wenn wir in absoluter Hingabe sind. Diese Hingabe ist die größte Hürde, die wir Erden-Engel überwinden müssen, um wirklich im Strom der Wandlung mitgetragen zu werden. Wir werden dabei von der Geistigen Welt getragen.

Ich habe es so oft erlebt, dass sich meine Wünsche auf eine Weise erfüllt haben, die ich nie in Betracht gezogen hätte. Eine Bekannte hat dieses Wirken einmal mit den folgenden Worten sehr schön ausgedrückt: »Man stellt sich 1.000 Möglichkeiten vor, und dann ist es die 1.001ste, an die keiner gedacht hat, und die ist dann perfekt.«

Auch wenn wir »Prüfungen« bestehen sollen – unser Vertrauen zu prüfen, gehört übrigens zu den Lieblingsspielen im großen kosmischen Spielplan der Geistigen Welt –, können wir uns an die Engel wenden. Wenn wir bspw. das Loslassen üben sollen, dann können uns der Aufgestiegene Meister St. Germain und Erzengel Zadkiel mit der Violetten Flamme, die alles transformierend in Licht verwandelt, zur Seite stehen. Ich rufe z. B. oft Mutter Maria oder Kwan Yin, wenn ich Trost brauche, oder die Hathoren, wenn mir Freude, Kreativität und Leichtigkeit abhandengekommen sind. Aber auch die Elementarwesen helfen, wo sie können, wenn wir uns ihrer erinnern und eine Beziehung zu ihnen aufbauen. Dies geschieht, wenn wir die Natur lieben, mit den Bäumen sprechen, uns an den Blumen erfreuen und die Elemente als heilige Wesen anerkennen.

Meine Familie und ich haben z. B. den Feen und Elfen einen Brief geschrieben, in dem wir sie darum gebeten haben, uns bei der Suche nach einem neuen Haus behilflich zu sein. Wir haben etwas Schokolade und ein paar glitzernde Edelsteine als Geschenke dazugegeben und alles im Garten des alten Hauses in den großen Farn gelegt. Es hat zwar etwas gedauert – das Spiel, alles auf den letzten Drücker zu tun, mögen die geistigen Helfer wohl gerne – aber es hat sich gelohnt. Unser neues Haus ist wirklich wunderschön.

Auch die Elemente Erde, Wasser, Luft, Feuer und Licht/ Äther sind kraftvolle Helfer in der Zeitenwende: Die Erde schenkt uns in chaotischen Zeiten die Geborgenheit und die Struktur, die wir brauchen. Das Wasser hilft uns, in den Fluss zu kommen. Die Luft trägt uns hinauf in die Leichtigkeit und Freude. Und das Feuer reinigt uns, verbrennt alles, was wir loslassen sollen, und treibt uns an, der Sehnsucht unseres Herzens zu folgen. Das fünfte Element, das Licht bzw. der Äther, verbindet uns mit unserem Ursprung, der göttlichen Quelle. Ich habe in meinem Buch »Yoga der Neuen Energie – Im Einklang mit den Elementen« ausführlicher darüber geschrieben. Es gibt mittlerweile so viele zauberhafte Bücher zu den himmlischen Helfern, dass wir sicherlich genau das richtige für uns finden oder uns von ihm finden lassen.

Meditation:
Das Herzfeuer
am Herzen Gottes entzünden

Wenn du möchtest, höre eine schöne, entspannende Meditationsmusik. Atme lang und tief, und entspanne deinen Körper. Lasse mit einem tiefen Ausatmen die Anspannung in allen Muskeln los. Atme noch einmal alles aus, was dich belastet und momentan beschäftigt. Mache es dir bequem, sodass du frei und leicht atmen kannst. Atme tief ein, und nimm wahr, wie sich allmählich eine ruhige, friedvolle Energie in dir ausbreitet …

Atme nun auch ganz bewusst in deinen Emotional- und Mentalkörper ein. Lasse deinen Atem immer weicher und liebevoller durch deinen Körper strömen, und nimm wahr, wie er allmählich deinen Körper ausfüllt … Alles in dir fängt an zu schmelzen … Gefühle und Erinnerungen lösen sich einfach auf …

Du begibst dich nun in deinen inneren stillen Raum des Friedens und der Regeneration. Wende deine Aufmerksamkeit ganz nach innen. Wenn unerwünschte Gedanken kommen, lasse dich noch tiefer in die Entspannung sinken, und lenke deine Aufmerksamkeit auf die Musik und auf deine jeweilige Absicht.

Du machst nun eine kleine Reise, die dich in deinen Ursprung, in deine Essenz, hineinführt. Stelle dir vor, wie

sich um dich herum eine goldene Spirale bildet. Diese Spirale ist nun dein Gefährt, und du reist mit ihr sicher und geborgen. Sie ist an ihrem unteren Ende mit der Erde verbunden, sodass du den Kontakt zur Erde nicht verlierst. Nach oben verjüngt sie sich und ist geöffnet. Nimm wahr, wie du in der Spirale langsam nach oben in den Himmel schwebst. Du schraubst dich immer weiter nach oben, dringst durch die Wolkendecke und kommst in den schwarzblauen Bereich des Universums, sehr weit von der Erde entfernt …

Du ziehst deine Bahnen, vorbei an Planeten, Galaxien und Spiralnebeln, und dein Gefühl, nach oben geflogen zu sein, verliert sich immer mehr. Es ist so, als ob all das, was um dich ist, dich durchflutet, mit dir verschmilzt, mit dir eins wird. Du bist mit allem vereint, ein Teil der Schöpfung …

Du nimmst nun in der Ferne ein wunderbares Licht wahr, funkelnd wie ein Kristall, und du wirst von diesem Licht angezogen wie ein Magnet. Je näher du dem Licht kommst, desto stärker kannst du diese zutiefst liebevolle und nährende Energie fühlen. Es ist das Herzfeuer Gottes, das sich dir hier offenbart und die gesamte Schöpfung durchdringt. Du bist eingeladen, dich direkt in diese Lichtflut hineinzubegeben. Bade darin, und hülle dich vollständig damit ein. In diesem Licht sind der liebende Vater und die liebende Mutter vereint, der Geist, der alle Materie durchdringt und veredelt, göttliche Intelligenz und göttlicher Frieden.
Öffne dein Herz ganz weit, und gib dem Schöpfer die Erlaubnis, dein Herzfeuer mit seinem Herzfeuer zu entzünden und dich auf diese Weise daran zu erinnern,

wer du wirklich bist: ein Wesen aus Licht, Liebe und Bewusstsein.
Nun lasse geschehen, dass ein rosa-gold-silberner Herzensstrahl ganz sanft in deinen Herzensraum eindringt, ihn vollständig öffnet und zum Leuchten bringt. Spüre, wie er sich ausbreitet, in deinem Körper und um all deine Körper herum. Bekräftige mit deiner inneren stillen Stimme:

»Ja, ich nehme dieses Geschenk an. Ich erinnere mich. Ich bin ein Meister, eine Meisterin in allem, was ich bin. Ich bin eine machtvolle Schöpferin/ein machtvoller Schöpfer. Ich bin göttliche Liebe. Ich bin göttliches Licht. Ich bin göttliches Bewusstsein!«

Ganz langsam, umhüllt vom Herzfeuer Gottes, schwebst du nun in deinem Gefährt wieder in Richtung Erde, und mit einer einzigen Bewegung legst du ein Vlies aus Rosa, Gold und Silber über Mutter Erde und all ihre Bewohner und teilst die Schwingung der Liebe mit ihnen. Dann landest du ganz sanft an dem Ort, an dem du deine Reise begonnen hast. Die Spirale löst sich langsam auf, und du kommst mit deiner Aufmerksamkeit wieder hier in diesem Raum an.

Ritual:

Loslassen, Dankbarkeit
und Wunscherfüllung

„Ich lasse meine Angst
vor Krankheit los"

Das folgende Ritual, das sich besonders gut für eine Gruppe eignet, nutzt die Wirkung eines Bewusstseinsfelds. Das bedeutet, dass der Raum, den wir betreten, in diesem Fall symbolisiert durch das dekorierte Tuch, die Energie hat, die wir ihm geben. Wir laden die Kraft der Lichtwesen ein, die uns unterstützen sollen, und erfahren die subtile Ausstrahlung der Symbole und Farben, die wir wählen. Dieses Ritual hilft uns beim bewussten Loslassen, unterstützt unsere Selbstliebe und kann uns in unserer Schöpferkraft bestärken. Häufig führt es zu überraschenden Erkenntnissen. Man sollte allerdings mindestens 45 Minuten dafür einplanen, und mindestens zwei Personen sollten daran teilnehmen.

Anleitung:

Für das Ritual des Loslassens braucht ihr:
◆ **ein violettes Tuch,**
◆ **eine violette Kerze und,**
◆ **wenn ihr mögt, ein Bild von St. Germain oder Erzengel Michael.**

Für das Ritual der Dankbarkeit braucht ihr:
◆ **ein rosa Tuch,**
◆ **eine rosa Kerze und,**
◆ **wenn es euch zur Verfügung steht, ein Bild der Hathoren.**

Für das Ritual der Wunscherfüllung braucht ihr:
◆ **ein goldenes Tuch und**
◆ **eine weiße oder goldene Kerze.**

Das soll jeder Teilnehmer mitbringen:
◆ **ein Symbol für das, was er gerne loslassen möchte,**
◆ **ein Symbol für das, was er einem anderen Menschen am liebsten schenken möchte, und**
◆ **ein Symbol für seinen Herzenswunsch.**

Legt die Tücher irgendwo im Raum aus, schmückt sie, und segnet sie mit den entsprechenden Energien, indem ihr sie mit der jeweiligen Engel- oder Hathoren-Energie aufladet. Dies geschieht, indem ihr die Lichtwesen in eurem Raum willkommen heißt. Die mitgebrachten Symbole verbleiben bis auf Weiteres bei jedem Teilnehmer.

Nun finden sich immer zwei Personen zusammen. Nach der Methode des »Questionings« (siehe Beschreibung auf S. 60) fragt eine Person, die andere antwortet spontan.

Wichtig!
Pro Übung werden zwei bzw. drei Fragen gestellt. Die erste der unten aufgeführten Fragen (»Was willst du loslassen?«, »Was möchtest du am liebsten verschenken?« und »Was wünschst du dir von ganzem Herzen?«) wird nur einmal gestellt und einmal beantwortet. Wem das laute Antworten zu persönlich ist, der kann sich die Antwort selbst leise geben. Dies betrifft jedoch nur die erste Frage. Ansonsten folgen die Teilnehmer der Technik des »Questionings« und fragen und antworten laut.

1. Loslassen

Questioning

1. »Was willst du loslassen?« (Diese Frage wird nur einmal beantwortet.)
2. »Warum ist das, was du loswerden möchtest, in deinem Leben?« (Diese Frage wird fünf Minuten lang wiederholt.)

Danach gehen alle Befragten der Gruppe mit ihrem Symbol für das Loslassen gemeinsam zum Feld der Violetten Flamme und bitten St. Germain um die Aktivierung der Violetten Flamme. Legt eure Symbol feierlich auf das Tuch und bittet um Transformation und sanftes Ablösen dessen, was nicht der göttlichen Vollkommenheit entspricht.

Geht anschließend zurück an euren Platz, und wechselt zum Thema »Dankbarkeit«.

2. Dankbarkeit

Questioning

1. »Was möchtest du am liebsten verschenken?« (Diese Frage wird nur einmal beantwortet.)
2. »Was würde geschehen, wenn dir jemand genau dieses Geschenk machen würde?« (Diese Frage wird fünf Minuten lang wiederholt.)

Alle Befragten gehen nun gemeinsam zum rosa Feld der Dankbarkeit, legen ihr Symbol nieder, nehmen es wieder auf und schenken es sich selbst, indem sie es sich an ihr Herzchakra drücken.

Geht anschließend zurück an euren Platz, und fahrt mit dem Thema »Wunscherfüllung« fort.

3. Wunscherfüllung

Questioning

1. »Was wünschst du dir von ganzem Herzen?« (Diese Frage wird nur einmal beantwortet.)
2. »Was würde sich in deinem Leben verändern, wenn dein Wunsch in Erfüllung ginge?«
3. »Wie kannst du all das jetzt schon erreichen?« (Diese beiden Fragen werden fünf Minuten lang wiederholt.)

Die Gruppe der Befragten geht nun wieder gemeinsam zum goldenen Feld der Wunscherfüllung und der Fülle. Legt euer Symbol nieder, in der festen Absicht, der Freude und der Zuversicht, dass sich der entsprechende Wunsch zum Wohle aller erfüllen mag.

Geht anschließend zurück an euren Platz. Tauscht nun die Rollen, und das Fragen und Antworten beginnt von vorn.

Heilige Räume erschaffen

Das Erschaffen von heiligen Räumen hat einen zeremoniellen Charakter und verstärkt die Energie dessen, was in diesem Feld geschieht. Wir können heilige Räume in der Gruppe, aber auch allein kreieren, unabhängig von unserer religiösen Gesinnung und Kultur. Diese Räume sind Orte der Liebe, der Heilung und des Friedens, weil dies die Qualitäten sind, die sie überhaupt erst zu »heiligen« Räumen machen.

Erzeugen Heiler, Therapeuten, Ärzte, Seminarleiter und -leiterinnen usw. diese Räume vor der Behandlung ihrer Patienten oder Klienten, dann erschaffen sie ein Kraftfeld, in dem sie in ihrer Arbeit von all jenen unterstützt werden, die sie in dieses Feld rufen. Auch beim »Channeln« sollen diese Räume erzeugt werden, weil uns auch dort die angerufenen Wesen des Lichts darin unterstützen, in der Klarheit des Kanals zu bleiben und in die Verbindung mit dem Höheren Selbst zu kommen. Als ein Freund von mir, ein Schamane, das erste Mal ein Medizinrad in unserem Garten zelebriert hat, habe ich diese besondere Kraft gespürt, die entsteht, wenn man Licht- und Naturwesen dazu ruft.

Auch ein Haus oder eine Wohnung kann für die Familie ein heiliger Raum sein, ebenso ein Klassenzimmer oder ein Kindergarten, wenn er vorher gereinigt, gesegnet und energetisiert wurde. Wenn wir z. B. unser Haus durch Räucherwerk, die Violette Flamme und bestimmte Anrufungen energetisch reinigen und es dann mit weißgoldenem Licht und Liebe durchfluten, erschaffen wir eine Wohnstätte, die mit der Information der Klarheit, der Liebe und der Geborgenheit aufgeladen ist. Diese Reinigungen wirken sich spürbar auf alle Bewohner aus und müssen selbstverständlich in regelmäßigen Abständen wiederholt werden.

Wie können wir nun diese besondere Energie hervorbringen? Dies kann in einem kleinen Ritual geschehen, aber auch durch eine kurze Meditation, einen Segen oder ein Gebet. Das tägliche Tischgebet, bei dem wir uns an den Händen halten, kann für eine gewisse Zeit ebenso einen heiligen Raum erschaffen wie das schamanische Medizinrad oder das zeremonielle Errichten eines Tempels der Heilung. Es ist schön, wenn dazu getrommelt, gesungen oder musiziert wird.

Ritual:
Tempel der Heilung errichten

Es kommt immer wieder vor, dass jemand einen »Heilkreis« wünscht, weil er körperliche Probleme hat oder weil er durch eine Lebenskrise geht, die ihn emotional stark herausfordert. Mit dem nun folgenden Ritual kann eine Gruppe einen Tempel der Heilung, einen Heilkreis, aufbauen. Je mehr Menschen daran teilnehmen, desto stärker ist natürlich auch hier die Energie. Doch am wichtigsten ist es, mit offenem und liebevollem Herzen ganz präsent zu sein.

Jeder Heilkreis verläuft anders, je nachdem, was sich zeigt. Manchmal bekommen wir keine Erlaubnis, etwa an einem kranken Organ zu arbeiten, sondern nur am Emotionalkörper oder am Herzchakra. Häufig zeigen sich bestimmte Engel, und sehr oft sind die Hathoren gegenwärtig.

Die Wirkung eines solchen Heilkreises, den ich als einen »Tempel der Heilung« wahrnehme, kann sehr stark sein: Manche Menschen weinen, andere empfinden Wärme oder ein Kribbeln, nehmen ein strahlendes Licht wahr oder empfangen Bilder und Botschaften. Auch die »Fernwirkung« auf Menschen, die vielleicht krank im Bett liegen oder viele Kilometer entfernt sind und emotionale Stabilität brauchen, ist erstaunlich. Wenn wir dieses Ritual ausführen, sollten wir diese heiligen Räume sehr achtsam und liebevoll und im vollen göttlichen Bewusstsein erschaffen, denn wir arbeiten mit wahrlich mächtigen Energien.

(Wenn du allein einen heiligen Raum kreieren möchtest, genügt es, wenn du die Himmelsrichtungen, die Elemente, Elementarwesen, dein Krafttier, bestimmte Engel, Aufgestiegene Meister, Hathoren und die liebevolle Kraft des Schöpfers einlädst. Die Energie ist sofort spürbar.)

Anleitung:

Ihr haltet euch bei diesem Ritual an den Händen und bildet einen Kreis. Derjenige, der den Heilkreis gewünscht hat, sitzt oder liegt in der Mitte. Wenn die betreffende Person nicht anwesend ist, aber die Erlaubnis für den Heilkreis gegeben hat, stellt sie euch vor, und legt eine zusammengerollte Decke oder ein Foto der Person als Ersatz auf den Boden.

Atmet Stille und Frieden ein, und lasst zu, dass die Stille sich in euch ausbreitet. Nehmt wahr, wie die Stille euren Herzensraum weit öffnet und Frieden, Gelassenheit, Vertrauen und Liebe in euch einströmen.

Lasst gemeinsam einen ätherischen goldenen Tempel entstehen, der euch vollständig, strahlend und funkelnd umgibt. Bittet nun die Lichtwesen hinzu, die man braucht, um die gewünschte Energie zu erzeugen.

Wer möchte, kann auch mit den vier Himmelsrichtungen Osten, Süden, Westen und Norden beginnen. In den Kreis ruft ihr dann z. B.:

◆ die Elemente Erde, Wasser, Luft, Feuer, Licht/Äther und Liebe,

◆ die Elementarwesen,

◆ das Krafttier desjenigen, der behandelt wird,

◆ das diamantene Schöpferlicht aus der göttlichen Quelle, das auf euch und in die Mitte des Kreises herabstrahlt,

◆ Erzengel Michael für das Abtrennen karmischer Bänder, für Schutz, Mut und Stärke,

◆ Erzengel Zadkiel und St. Germain für die Aktivierung der Violetten Flamme,

◆ Erzengel Raphael für die Heilung auf allen Ebenen,

◆ Erzengel Chamuel für die Heilung emotionaler Wunden und das Erinnern daran, dass ihr alle Liebe seid,

◆ die Elohim-Engel und andere Engel und Wesen aus der lichtvollen Welt,

◆ Grace, den silbernen Strahl der Gnade,

◆ die Aufgestiegenen Meister, Jesus Christus (Sananda), Hilarion, Kwan Yin und alle anderen aus der Weißen Bruder- und Schwesternschaft, die sich gerufen fühlen, in eurem Kreis zu sein,

◆ Mutter Maria,

◆ Heiler und Schamanen aus der indianischen, chinesischen oder tibetischen Tradition,

◆ ätherische »Chirurgen«,

◆ die Hathoren, deren Liebe, Klang und Humor euch schon lange begleiten,

◆ die Energie von Reiki und Ancient-Master-Healing sowie

◆ bestimmte Qualitäten, wie Vertrauen, Geborgenheit, Loslassen und Freude, oder Farben.

Meistens ist es nötig, vor und nach dem Ritual St. Germain und Erzengel Zadkiel zu bitten, die Violette Flamme in unserem Kreis zu aktivieren, um ihn von unerwünschten Energien zu reinigen. Anschließend wird Grace, der silberne Strahl der Gnade, gerufen. Er energetisiert den Raum neu.

Lasst euch von eurer Intuition leiten. Jeder darf lichtvolle Helfer in den Kreis einladen und auch seine Visionen aufsteigen lassen und diese mitteilen. Weil sich die Energie immer stärker aufbaut, öffnet sich auch euer Drittes Auge immer weiter, und ihr taucht ein in eine andere Wirklichkeit, die es euch erlaubt, euren Verstand in den Hintergrund treten zu lassen, sodass ihr euch an den göttlichen Kanal anschließen und aus dem Herzen sprechen können.

Flutet den Raum mit eurer Liebe und eurem Mitgefühl, und wenn der zu Behandelnde es wünscht, legt ihm die Hände auf. Wenn die betreffende Person nicht da ist, stellt sich euch vor. Als »Werkzeuge der Heilung« folgt einfach eurer Intuition, lasst euch führen von eurer inneren Weisheit. So entstehen Bilder, Visionen, Gefühle.

Es ist wichtig, die eigene Seelenführung zu fragen, was man überhaupt machen darf, für den Fall, dass man nicht an erkrankten Organen arbeiten darf und dass dies allein der Kranke mithilfe der Geistigen Welt tun soll.

Ihr könnt auch ein Mantra singen, mit dem ihr einen Klangteppich webt, oder ein Gebet sprechen. Bittet die eingeladenen Lichtwesen und Heiler, ihre Arbeit zu tun, und vertraut darauf, dass Heilung geschieht, wo Heilung geschehen soll.

Das Wichtigste jedoch ist, dass ihr dabei immer in eurem Herzen und in der Liebe bleibt. Wenn alles getan ist, löst den goldenen Tempel wieder auf, und bedankt euch bei allen Wesen des Lichts, die an eurer Seite und in eurer Mitte waren.

Übung:

Heilung auf allen Ebenen durch die Geistige Welt

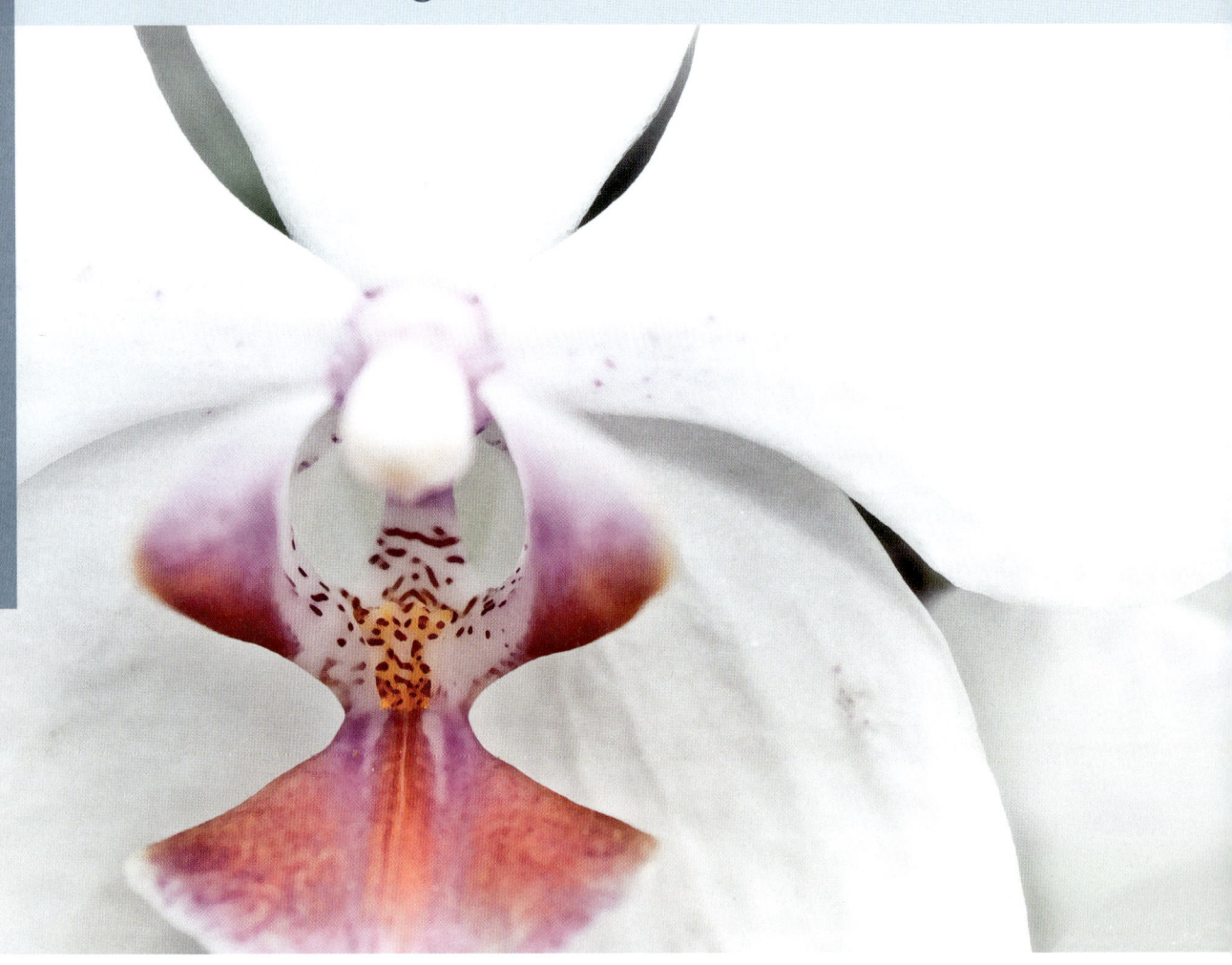

Diese Heilzeremonie ist besonders schön, wenn sie in der Gruppe ausgeführt wird, weil auch hier ein heiliger Raum erschaffen wird. Natürlich verstärkt sich die Energie durch eine größere Anzahl von Menschen, aber man kann die Übung auch allein oder zu zweit machen. Wenn mehrere Menschen gemeinsam einen heiligen Raum erschaffen, verbinden sie sich von Herz zu Herz und teilen die Energie der Liebe miteinander.

Anleitung:

Lasse schöne Meditationsmusik laufen. Erschaffe den heiligen Raum im Sitzen oder Stehen, und lade zusätzlich noch Heiler aus der schamanischen Tradition, aus der tibetischen und chinesischen Medizin und Klangheiler (z. B. Hathoren) in den Kreis ein. Bitte um »Heilung auf allen Ebenen«.

Mache es dir auf der Erde bequem. Decke dich zu, wenn du magst, und entspanne dich. Lade nun genau die lichtvollen Wesen ein, die sich gerade jetzt für deine Heilung zuständig fühlen. Dann warte ab, und genieße. Es kann sein, dass du eine Massage von einem Engel bekommst, dass ein schamanischer Heiler eine Zeremonie mit dir durchführt, dass du eine Klangheilung von den Hathoren bekommst und vieles andere mehr.

Du spürst selbst, wann die »Heilbehandlung« beendet ist. Öffne dann langsam deine Augen, und bedanke dich bei deinem Heiler/deiner Heilerin.

Als ich diese Übung mit meiner Gruppe gemacht und selbst auch um Heilung gebeten habe, erschien mir ein kleiner kugelrunder Chinese, der über das ganze Gesicht strahlte. Er überreichte mir zuerst einen braunen, süßlich-bitteren Kräutertrank und setzte mir anschließend einige Akupunkturnadeln. Zu dem Zeitpunkt litt ich unter starken Nervenschmerzen infolge eines Bandscheibenvorfalls, den ein Treppensturz verursacht hatte.

Nachdem er seine Nadeln wieder entfernt hatte, gab er mir die Botschaft »Erwarte alles und nichts« mit auf meinen Lebensweg und ließ sich dann auf einer Rikscha davonfahren. Ich war danach etwa zwei Tage lang völlig schmerzfrei. Die Botschaft »Erwarte alles und nichts« klingt mir heute noch in den Ohren, und ihre tiefe Weisheit erfahre ich in vielen Bereichen meines Lebens.

Ich habe bereits erwähnt, dass ich mich sehr mit den Hathoren verbunden fühle. Sie sind eigentlich ständig um mich, und viele der Übungen und Rituale sind von ihnen inspiriert. Die Energie der Hathoren ist sehr warm, herzlich, voller Liebe, Freude, Jugendlichkeit, Weisheit und Humor, und ihre Präsenz ist auch körperlich stark spürbar. In der folgenden Übung kannst du dies möglicherweise selbst intensiv wahrnehmen.

Übung:

Die Botschaft der Hathoren

In der Gruppe ist diese Übung besonders schön, weil die entstehende Energie noch stärker fließt. Man kann die Übung aber auch nur zu zweit machen. Die Botschaften kommen meist erstaunlich schnell, und sie sind sehr klar von »ausgedachten« zu unterscheiden. Die meisten Menschen gehen sofort mit ihnen in Resonanz, sie fühlen sich geehrt und emotional tief berührt von ihrem Inhalt. Oft baut sich viel Wärme und Liebesenergie im Raum und zwischen den Menschen auf. Zur Verstärkung der Hathoren-Kraft spiele ich dabei gerne Musik von Tom Kenyon.

Anleitung:

Geht zuerst paarweise zusammen, und schaut euch in die Augen. Dann lädt jedes Paar zwei Hathoren ein, für jeden einen, an seine Seite zu kommen.

Nun öffnet euer Drittes Auge und das Herzchakra, und bittet einen der Hathoren um eine Botschaft für den Partner. Dies kann ein Satz sein, ein Bild, ein Wort oder eine Farbe. Wichtig ist es, dass ihr spontan reagiert und nicht den Verstand einsetzt.
Sobald ihr die Botschaft empfangen habt, pustet ihr sie, geschützt durch eure Hände, ins Herzchakra eures Partners. Danach teilt ihm oder ihr die Botschaft mit.

Es ist eine schöne Geste, sich anschließend bei deinem Partner und den Hathoren zu bedanken.

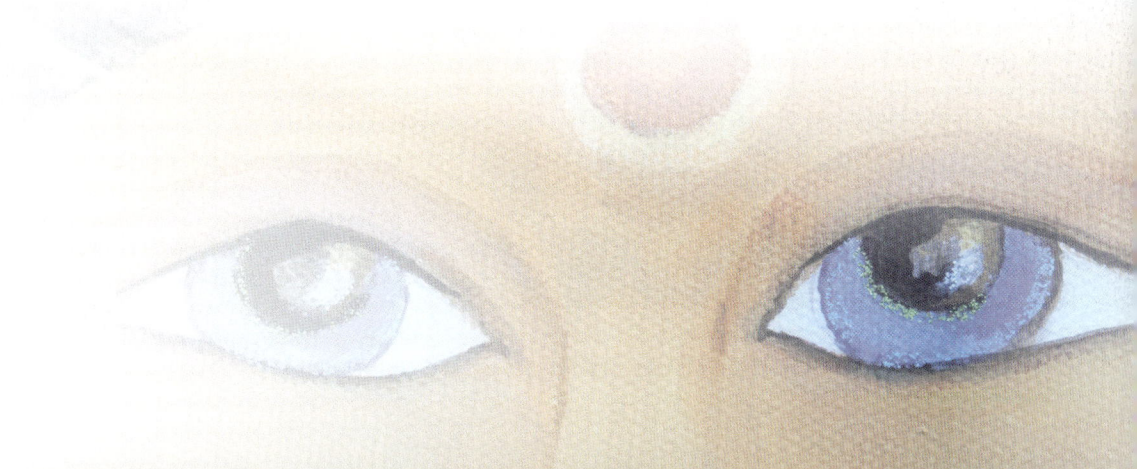

Ritual:

Bewusstseinsfelder erschaffen

Anleitung:

Es gibt eine ganz einfache Möglichkeit, wie du »Oasen« erschaffen kannst, in die du dich während schwieriger Zeiten immer wieder zurückziehen kannst.

Zunächst wählst du aus, welche Energie dein »Feld« haben soll. Idealerweise bleibt das Feld für einige Zeit ein fester Bestandteil deiner Wohnung, so, wie dein Hausaltar. Du aktivierst es, sobald du es segnest oder weihst und ihm die Bedeutung gibst, die es für dich haben soll. Sobald du das Feld betrittst, entfaltet es seine Wirkung in dir und um dich herum.

Du brauchst lediglich ein paar farbige Tücher aus Seide oder Organza, einige Symbole und Kerzen oder Teelichter im Halter.

Wähle dir eine ruhige Ecke in deiner Wohnung oder deinem Haus aus, und lege dort ein bis drei der Tücher aus. Platziere dann die passenden Symbole darauf.

BEISPIELE

»Feld der Reinigung, des Schutzes und des inneren Friedens«

Ich empfehle dir, dieses Feld vor dem Schlafengehen aufzusuchen. Es reinigt dich von unerwünschten Energien und bringt dich zurück in Vertrauen und Gelassenheit.

Du brauchst:
◆ ein blaues Tuch,
◆ eine goldene Kerze oder ein Teelicht,
◆ eine Karte oder ein Symbol von Erzengel Michael und
◆ eine Karte mit dem Symbol »Pirk«, das für Frieden, Ruhe und Gelassenheit steht. Du kannst das Symbol auch selbst auf einen Karton aufmalen.

Bitte Erzengel Michael hinzu. Weihe diesen Platz als einen Ort, der dir Ruhe, Gelassenheit, Schutz, Stärke und Frieden gibt. Dies geschieht durch deine Absicht. Gehe nun direkt in das Feld hinein, und stelle dir vor, wie blau-goldenes Licht dich reinigt, dich vollständig durchflutet und dein gesamtes System entsprechend der göttlichen Matrix neu ausrichtet. Stelle dich auf das Symbol, und lasse dann inneren Frieden dein Herz erfüllen.

»Feld der Energie der neuen Erde«

Dieses Feld solltest du immer dann betreten, wenn du das Bedürfnis hast, in die fünfte Dimension zu reisen, um die wunderbare »neue Erde« zu fühlen, zu sehen, zu hören …

Du brauchst:
◆ ein grünes Tuch,
◆ sieben Kerzen oder Teelichter (eine in Grün für das Element Erde, eine in Türkis für das Element Wasser, eine in Hellblau für das Element Luft, eine in Rot für das Element Feuer, eine in Weiß für den Äther/das Licht, eine in Rosa für die Liebe und eine in Gold für die Christus-Energie),
◆ ein Symbol für Fülle (z. B. eine Schale mit Früchten oder ein Fläschchen mit schwimmendem Blattgold),
◆ ein Symbol für Frieden und Einssein (z. B. das Bild einer Friedenstaube),
◆ einen Rosenquarz oder eine Rose als Symbol für die allumfassende Liebe und
◆ das Symbol »Zero« (Ich Bin).

Zünde die Kerzen an, segne und benenne sie, wenn du sie im Kreis hintereinander auf das Tuch stellst. Lade laut die Elementarwesen, alle Hüter und Hüterinnen und Lichtwesen der neuen Erde in dein Feld ein. Betrete dann dein Feld, und fühle dein Einssein mit einer neuen, gereinigten Mutter Erde und der göttlichen Quelle.

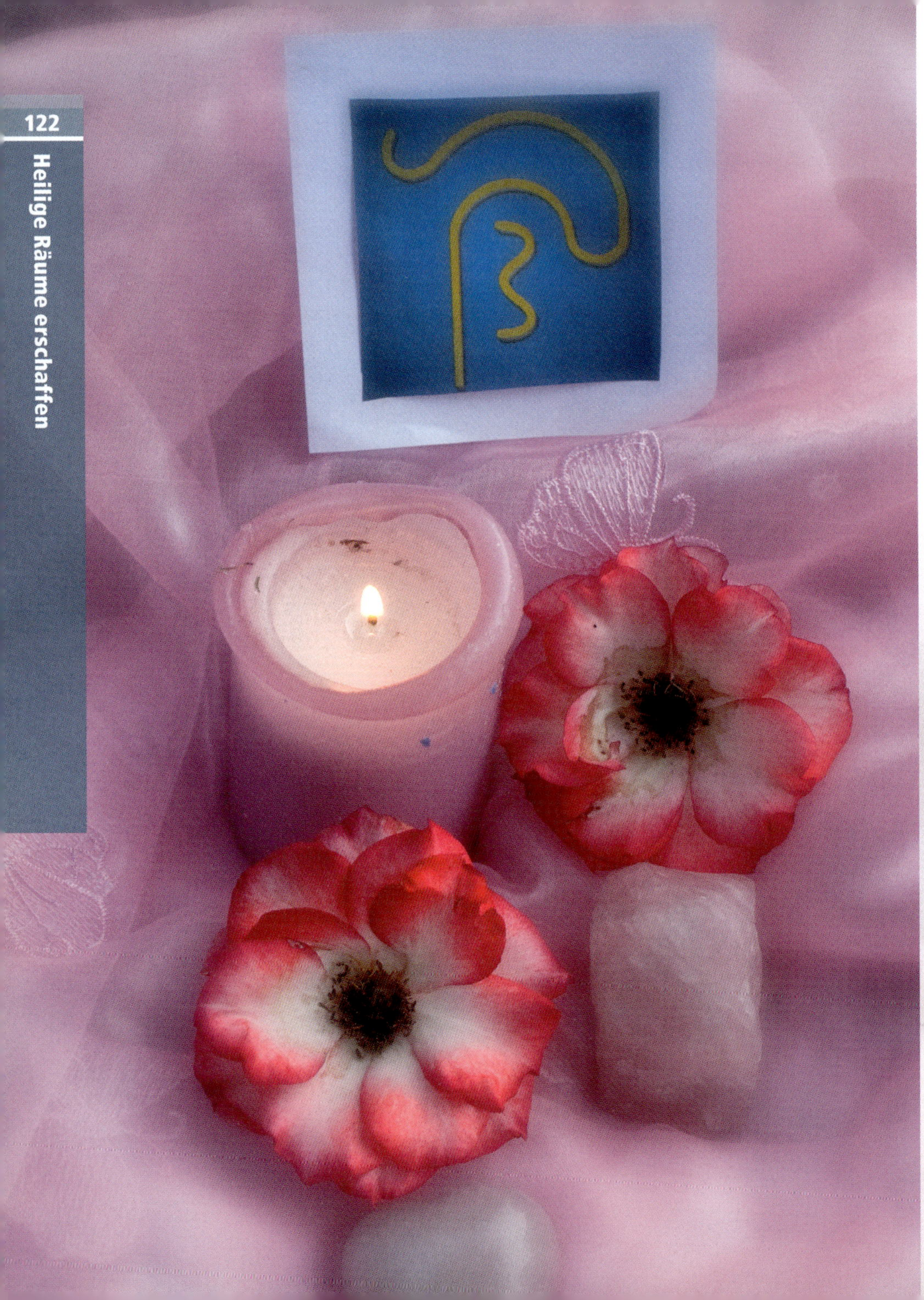

»Feld der urteilslosen Liebe, Gnade und Vergebung«

Diesen Ort solltest du besuchen, wenn du dich von der göttlichen Liebe durchfluten lassen möchtest, du aus vollem Herzen vergeben möchtest, um Vergebung bittest, oder wenn du das Bedürfnis hast, dich voller Vertrauen dem Fluss des Lebens hinzugeben.

Du benötigst:

◆ ein rosa Tuch,
◆ eine rosa und eine weiße Kerze,
◆ ein Herz aus Rosenquarz, Holz, Metall o.ä.,
◆ bei der Vergebungsarbeit eine Karte mit dem Namen der beteiligten Person oder ein Foto von ihr und
◆ das Symbol »Kirstin« (allumfassende Liebe).

Dekoriere, weihe, und segne dein Feld. Zünde die Kerzen an, und bitte Erzengel Chamuel, den Engel der bedingungslosen Liebe, dazu. Lade auch Jesus Sananda, den Christus, dazu ein, dich jetzt zu unterstützen. Betrete deinen privaten Ort der bedingungslosen Liebe, und öffne dein Herz ganz weit. Fühle, wie die Liebe dich erfüllt und dich ganz weich und sanft werden lässt. Diese Liebe ist frei von Wünschen und Erwartungen. Sie ɪsᴛ einfach.

Wenn du das Bedürfnis hast, um Vergebung zu bitten oder jemandem zu vergeben, dann tue es jetzt, von Seele zu Seele. Sende einen rosaroten Herzensstrahl zu ihm oder ihr, und fühle die Liebe, die sich über jegliche Zwietracht erhebt.

Dein spiritueller Auftrag

Jeder Mensch ist mit einem ganz persönlichen Auftrag auf die Erde gekommen. Auch wenn es sich für uns manchmal anders darstellt, so ist doch jeder Auftrag ein spiritueller, denn jeder Mensch ist von göttlichem Geist beseelt. Wir haben nicht das Recht, zu bewerten und zu beurteilen, wo Spiritualität anfängt und wo sie endet, weil wir die Weisheit Gottes nicht mit unserem menschlichen Verstand messen können.

Mit zunehmendem spirituellen Erwachen keimt in uns die Sehnsucht, zu erfahren, wozu wir auf die Erde gekommen sind. Dieser Drang nach Wissen und Erkenntnis bereitet den Boden, auf dem schließlich Weisheit und Wahrheit zur Blüte gelangen. Die meisten Menschen orientieren sich erst einmal im Außen, halten Ausschau nach Lehrern, besuchen medial begabte Seher oder Seherinnen, nehmen an vielen Seminaren teil oder lesen entsprechende Bücher. Wenn wir als Rohdiamant mit der Zeit immer feiner geschliffen werden und sich unser Herzchakra immer weiter öffnet, wird auch unsere Anbindung an die göttliche Quelle immer stärker spürbar, und die Reise nach innen kann beginnen.

Jeder, der auf dem spirituellen Pfad wandelt, muss diese Reise antreten, denn dort findet er die Antworten auf die essenziellen Fragen des Seins. Lehrer und Lehrerinnen, Seminare und Bücher mögen uns viele wertvolle Impulse geben und uns eine Richtung weisen, doch die alchemistischen Prozesse, durch die wir auf unseren Auftrag vorbereitet werden, geschehen in der Tiefe unserer Seele und manifestieren sich in den Gegebenheiten unseres Lebens.

Jeder Mensch hat die Chance, sein Leben entsprechend seinem Seelenplan auszurichten. Jedoch haben wir auch den freien Willen und können uns jederzeit anders entscheiden. Wer voller Bereitschaft und aus ganzem Herzen wissen möchte, wie sein spiritueller Auftrag lautet, der wird zur richtigen Zeit auch darüber informiert werden. Diese »Informations-Engel« können Freunde sein, die genau den Satz sagen, der die Seelenerinnerung in uns wachruft, ein Buch, das uns aus dem Regal entgegenfällt, oder ein Traum.

Ich erinnere mich genau, dass ich während einer physisch und emotional schwierigen Zeit von meinem Konstitutionsmittel geträumt habe. Mir erschienen weise Kräuterfrauen, die mir Strychnin schenken wollten. Voller Entsetzen lehnte ich ab, da ich es ausschließlich für ein starkes Gift hielt. »Ja, mein Kind, aber nicht in kleinsten, verdünnten Dosen. Dann ist es ein Heilmittel für dich.«, antworteten sie mir. Als ich aufwachte, schaute ich im Internet nach und fand »Strychnos Nux vomica«. Dieses wunderbare homöopathische Mittel »Nux vomica« hat mich kurze Zeit später zusammen mit ein paar Akupunkturnadeln innerhalb von zwei Stunden von einem sehr schmerzhaften Bandscheibenvorfall geheilt.

Alle Träume, an die ich mich gut erinnern kann, waren Initiationsträume, in denen ich geweiht, gesegnet, geheilt oder geprüft wurde. Ich träumte sie schon seit Jahren, bevor ich wirklich begann, das zu leben, was aus meinem Herzen strömte.

Als ich mich in meinem Beruf als Rundfunk- und Fernsehjournalistin zunehmend unwohl fühlte, weil meine

Arbeitgeber zu dieser Zeit für meine spirituellen Themen nicht wirklich aufgeschlossen waren, wollte ich meinen Beruf aufgeben. Jedoch öffnete sich zu dieser Zeit noch keine andere Tür für mich. Diese Zeit des Unglücklichseins und der Orientierungslosigkeit war für mich die »dunkle Nacht der Seele«. Diese Erfahrung war in meinem Leben eine der wichtigsten, und sie sucht mich auch heute noch ab und zu heim, wenn ich meinen Weg nicht strikt einhalte. Dann lerne ich das große Loslassen all meiner Erwartungen, die absolute Hingabe und das Vertrauen, das alles gut ist, so wie es ist.

Wie oft habe ich mit lauter Stimme den lieben Gott gebeten, mir bestimmte Wünsche zu erfüllen oder mir den Weg zu weisen, den zu gehen ich mich einst bereit erklärt hatte, also meinen Seelenauftrag erfüllen zu dürfen – und zwar jetzt und sofort. Doch so funktioniert das leider nicht. Wahrscheinlich wusste die Geistige Welt tausendmal besser als mein Ego, wann die Zeit gekommen war, in der ich meinen spirituellen Auftrag auch ausführen konnte, und zwar so, dass ich ihm auch gerecht wurde. Ich war mir damals, vor etwa 15 Jahren, nicht bewusst, dass ich einmal als spirituelle Lehrerin auch eine große Verantwortung für die Entwicklung der sich mir anvertrauenden Menschen haben würde – ich hätte sie damals nicht tragen können.

Ich bin dankbar, dass mir vieles von dem, was ich mir sehnlichst gewünscht habe, erspart geblieben ist, ob dies nun Partner waren, Wohnungen oder Jobs. Heute geht alles in die Richtung, die sich tief in meinem Herzen stimmig anfühlt, und doch ist mein Potenzial noch lange nicht ausgeschöpft, und es liegen noch viele Herausforderungen vor mir.

Wenn du also bereit dazu bist, deinen spirituellen Auftrag einzulösen, bitte den Schöpfer und die Geistige Welt mit lauter Stimme darum. Die Lichtwesen werden jubilieren. Du kannst es mit der folgenden Erklärung oder auch in deinen eigenen Worten sagen:

Erklärung:

»Ich (Name) bin in Liebe und aus ganzem Herzen bereit, meinen spirituellen Seelenauftrag, für den ich hier auf die Erde gekommen bin, anzunehmen. Ich bitte darum, dass dies genau dann geschieht, wenn meine Seele, mein Geist und auch mein Körper dazu bereit sind. Ich übergebe all dies der göttlichen Weisheit im Vertrauen, dass alles, was ich erlebe, zur rechten Zeit am rechten Ort geschieht und im Einklang mit meinem Seelenplan ist. Dies geschehe zum Wohle aller. Danke.«

Meditation:
Einweihung in die innere Schau

Nimm ein paar tiefe Atemzüge, und lasse dich mit einem tiefen Seufzer in den Schoß von Mutter Erde sinken. Atme tief ein, und entspanne deine Muskeln mit dem Ausatmen…

Atme tief ein, und lasse mit dem nächsten Ausatmen alles, was dich im Moment beschäftigt und belastet, los.

Atme wieder tief ein, und lasse mit dem nächsten Ausatmen deine Gedanken los.

Atme wieder tief ein, und öffne mit dem Ausatmen dein Drittes Auge.

Atme wieder tief ein, und öffne mit dem Ausatmen dein Herz ganz weit.

Atme nun deine Seelenenergie in deinen Körper ein, und lasse sie in alle Bereiche deines physischen Körpers strömen.

Atme wieder noch einmal eigene Seelenenergie ein, und lasse sie in alle deine feinstofflichen Körper strömen.

Stelle dir nun ein goldenes Lichtband vor, das sich durch deinen Körper zieht. Es verbindet dich tief unten mit Mutter Erde und aus deinem Kronenchakra heraus weit oben mit der göttlichen Quelle allen Seins.

Stelle dir vor, dass du langsam nach oben schwebst, dass du die Schwerkraft der Erde überwindest, im blauschwarzen Kosmos ankommst und dich immer weiter von der Erde entfernst. Du nimmst sie nur noch als einen kleinen Lichtpunkt wahr. Du schwebst vorbei an Planeten, Galaxien und herrlichen Spiralnebeln aus irisierendem Regenbogenlicht. Eine Spirale erregt deine besondere Aufmerksamkeit: Sie besteht aus sprühenden goldenen Funken, aus Millionen und Abermillionen winziger Sternchen. Die Spirale dreht sich nach innen und übt einen gewaltigen Sog auf dich aus, wie die Antwort auf eine tiefe innere Sehnsucht in deinem Herzen. Du kannst gar nicht anders: Du schwebst auf sie zu, und lässt dich von ihr hineinziehen in eine andere Dimension, jetzt, voller Vertrauen und Hingabe.

Du bist nun auf der anderen Seite, in einem tiefvioletten Raum der absoluten Stille. Bewege dich in diesem Raum, schwebe umher ... Es ist der heilige Tempel deiner Einweihung. In der Mitte des Raumes nimmst du einen Lichtstrahl wahr, der von oben kommend einen Sessel aus schimmernden Kristallen beleuchtet. Setze dich in den Sessel hinein, und warte.
Irgendwo aus der Tiefe des Raumes wird eine Kugel aus goldenem Licht geboren, die größer und größer wird. Du erkennst darin die Konturen eines wunderbaren, riesigen Engels, der nun langsam auf dich zukommt. Er strahlt Liebe, Herzlichkeit und Vertrauen aus. In seinen Lichthänden hält er eine Schale, in der sich ein wunderschöner, strahlender, silber-violetter Amethyst befindet. Gleich ist der Moment gekommen, in dem du diesen Amethyst in Empfang nehmen darfst, als Zeichen deiner Bereitschaft, deiner tiefen inneren Weisheit allzeit zu vertrauen. Doch zuvor beantworte die Fragen, die der Engel dir stellt, mit deiner inneren Stimme. Er fragt dich:

»Bist du bereit, zu wachsen, zu erwachen und der Sehnsucht deiner Seele zu folgen?«

»Bist du bereit, alle begrenzenden Gedanken, Worte und Handlungen loszulassen, die dich von deiner inneren Wahrheit und Weitsicht trennen?«

»Bist du bereit, dich von dem kollektiven Glaubenssatz abzukoppeln, der besagt, dass allein die Vernunft siegt?«

»Bist du bereit, dir selbst und deiner inneren Stimme immer zu vertrauen und auch ihrem Rat entsprechend zu handeln?«

Wenn du diese Fragen aus vollem Herzen bejahen kannst, wende dich vertrauensvoll dem Engel zu, der seine Lichthände nun auf dein Stirnchakra legt und es weit öffnet. Atme lang und tief. Nimm wahr, wie er den strahlenden Amethyst in dein Drittes Auge hineinlegt

und es sanft, mit einer leichten Bewegung, wieder ver-
schließt. Dieser Amethyst wird seine Kraft ab jetzt in
dir ausstrahlen und dich immer daran erinnern, wer du
wirklich bist. Er verstärkt deine Wahrnehmung dessen,
was sich hinter dem Schleier der Illusionen befindet,
und lässt dich in Liebe erkennen, wer welche Rollen im
wunderbaren großen Theater des menschlichen Lebens
spielt. Er stärkt dein Mitgefühl und deine Toleranz und
verleiht dir eine klare Sicht auf das Wesentliche, auf die
Essenz deines Seins.

Fühle noch eine Weile die Lichthände des Engels auf
deiner Stirn, und bade in seiner strahlenden Präsenz.
Verabschiede dich dann von ihm, und bitte Mutter Erde,
dich am goldenen Lichtband wieder in ihren Schoß zu-
rückzuholen. Du verlässt den heiligen Tempel deiner
Initiation und schwebst durch den Kosmos zurück auf
die Erde. Nimm über deine Handflächen Kontakt zu ihr
auf, und konzentriere dich auf deine Knochen.

Die fünf Schatten auf dem spirituellen Weg

Spiritueller Hochmut

Wer sich auf den Weg macht, der Sehnsucht seiner Seele zu folgen, der wird mit ziemlicher Sicherheit auch den dunklen Tunnel seiner Persönlichkeit durchqueren, den man »spirituellen Hochmut« nennen könnte. Wir befinden uns in dieser Zeit in einer illusionären Phase, in der wir uns als »erleuchtet« ansehen, als »weiter« als andere Menschen, die noch halb blind und unbewusst im Nebulösen leben. Das Ego, das sich jahrzehntelang gehätschelt und verwöhnt fühlte, ahnt nun seinen baldigen Tod und bäumt sich in Agonie immer wieder verzweifelt auf, um zu erreichen, dass der Status quo, sein Überleben, aufrechterhalten wird. Dazu hält es andere, deren Licht gerade zart zu strahlen beginnt, durch Bewertung, Kategorisierung oder Verurteilung klein.

Ein wahrer Meister aber, der sich seines Lichtes und seiner Weisheit bewusst ist, hat es nicht nötig, auf andere herabzuschauen. Er unterstützt sie hingegen darin, ihre Göttlichkeit zu erkennen und anzunehmen. Wir werden nicht minderwertiger, wenn wir anderen Menschen helfen, sich endlich zu ihrer wahren Größe aufzurichten. Das Gegenteil ist der Fall: Je mehr Menschen sich endlich ihrer positiven Macht und Schöpferkraft bewusst werden, desto schneller, leichter und segensreicher kann die Zeitenwende für uns alle geschehen.

Spiritueller Hochmut entsteht aus einem schwachen Selbstwertgefühl und mangelnder Selbstliebe heraus. Dahinter steckt die Angst, nicht gut genug zu sein. Doch wir sind immer gut genug, weil wir immer unser Bestes geben. Es ist unser Recht, auf unserer Suche

»Fehler« zu machen. Denn in Wirklichkeit sind es keine Fehler, sondern höchstens zeitraubende Umwege.

Nicht zu bewerten, nicht zu beurteilen, weder uns selbst noch die anderen, ist eine der härtesten Prüfungen, der sich ein Lichtarbeiter oder Lichtträger unterziehen muss. Wir sind alle gleich, weil wir Gottes Kinder sind und sich die göttliche diamantene Schöpferzelle in jedem Herzen zeigt. Die einen brauchen eben mehr Zeit zum Wachsen als die anderen. Oder sie entscheiden sich, in diesem Leben andere Erfahrungen zu machen. Doch all dies ist »gleich gültig«.

Konkurrenz spielt im spirituellen Leben übrigens eine genauso große Rolle wie im normalen Geschäftsleben auch. Die Yogalehrerin, Journalistin und Autorin Doris Iding beschreibt in ihrem Artikel »Schläfst du noch oder praktizierst du schon?« das Konsumverhalten vieler spirituell Suchender und Praktizierender. Bei ihnen geht es zwar nicht um die beliebten Luxusartikel Haus, Auto oder Yacht, dafür um die besten Lehrer, Ausbildungen, die Anzahl der Klienten bzw. Seminarteilnehmer oder die Tiefe der Erleuchtungserlebnisse während der Meditationen und Übungen. Was ist also der Unterschied? In der New-Age-Szene schlägt man sich mit spirituellen Schwertern – das Ego, das man sich so schwer »abmeditiert« hat, freut sich auf ein langes Leben![16]
Der Druck für »Newcomer« ist groß, aber nur, weil sie ihn sich selbst machen. Ich spreche aus eigener Erfahrung: Als ich mein erstes schamanisches Seminar im Schwarzwald gemacht habe und mein Lehrer die schamanische Reise antrommelte, da gingen bei mir alle Klappen zu, aus Angst davor, später in der Runde

nichts von meiner »Reise« berichten zu können. Für die, die noch nie eine schamanische Reise gemacht haben, sei dies an dieser Stelle sehr verkürzt erklärt: Man liegt mit verbunden Augen und lauscht dem monotonen Trommeln des Schamanen. Die Reise hat zum Ziel, in die »Anderswelt«, in dem Fall durch einen Tunnel unter die Erde, zu kommen, um dort seinem Krafttier zu begegnen, mit dem man dann reist und kommuniziert. Ich stand unter so einem großen Erwartungsdruck, endlich Bilder von meinem Krafttier zu bekommen, dass ich sogar im Tunnel steckenblieb. Ich habe dann nur noch darauf wartete, dass die 15-minütige Trommelei endlich ein Ende hatte. Natürlich hatten fast alle in der Runde die tollsten Visionen und Botschaften, die ihr Leben bestimmt nachhaltig verändert haben, von ihrem Krafttier erhalten. Nur ich hatte mich als »spirituellen Tieffliger« geoutet.

Das ist nun schon über 15 Jahre her, und in der Zwischenzeit habe ich unzählige dieser schamanischen Reisen mitgemacht und dabei Zauberhaftes und Beeindruckendes erlebt. Dies geschah allerdings erst, nachdem ich gelernt hatte, wirklich alle Erwartungen loszulassen. Erinnerst du dich an die Botschaft »Erwarte alles und nichts«, die ich von dem chinesischen Heiler erhielt? Für mich bedeutet sie, dass wenn ich nichts erwarte, ich aber alles bekomme. Dies hat sich in meinem Leben schon sehr oft bewahrheitet.

Wenn du dich gerade in der Phase des spirituellen Hochmuts befindest, vergib dir. Liebe und umarme dich, diese Phase geht vorüber. Vielleicht kann dir das

Ritual »Den goldenen Thron einnehmen« dabei helfen, deine Macht und Schönheit zu erkennen.

Missionseifer und Manipulation

Das Bedürfnis, zu missionieren, kenne ich persönlich sehr gut. Meine Familie und einige Freunde, die ich früher mit meinen neuesten Erleuchtungserlebnissen be-

glückt habe, werden vielleicht heute noch genervt die Augen verdrehen, wenn sie an diese Zeit zurückdenken. Wer den für sich richtigen Weg erkannt hat, möchte anderen etwas Gutes tun und sie vielleicht überzeugen, auch diesen Weg einzuschlagen. Doch leider ignorieren wir dabei oft den freien Willen der anderen Menschen. Weil wir nicht wissen können, was im Seelenplan des anderen vorgesehen ist, können wir nur Impulse geben und Inspiration sein. Geht der andere Mensch mit diesen Impulsen in Resonanz, dann wird er auf uns zugehen und Fragen stellen. Er wird Antworten erhalten und die für ihn passende Richtung einschlagen. Jegliches Drängen wird schnell zur Manipulation und bedeutet, dem anderen die Chance vorzuenthalten, selbst Verantwortung zu übernehmen. Andere »retten« zu wollen, im Helfersyndrom aufzugehen, das gehört auch dazu. Besonders wenn Menschen offensichtlich leiden, unserer Meinung nach blockiert sind oder ein »Brett vor dem Kopf« haben, möchten wir sie am liebsten schütteln, damit der Staub des Vergessens von ihnen abfällt und das Licht der Erleuchtung endlich in ihnen aufgeht. Auch wenn es manchmal nur schwer auszuhalten ist, wir müssen jeden Menschen akzeptieren, wie er ist. Jeder hat seinen eigenen Rhythmus und sein Tempo, den Schleier beiseitezuschieben, und keiner von uns kann wissen, was sich diese Seele ausgesucht hat.

Ich habe früher immer viel für andere getan, ihnen Adressen gegeben, Kontakte für sie geknüpft, wichtige Informationen über bestimmte Themen weitergegeben, sodass sie nur noch wenig Eigeninitiative für ihr Vorhaben aufbringen mussten. Heute mache ich das bewusst in dem Maße nicht mehr. Ich finde, dass jeder für sich selbst verantwortlich ist und es ihm die Zeit wert sein sollte, selbst zu recherchieren oder die nötigen Telefonate zu führen. Dies hat sehr viel mit Liebe zu tun, die sowohl mich betrifft als auch den anderen. Ohne Disziplin und »Be-Geisterung«, ohne Motivation und Enthusiasmus handeln wir nicht und versetzen somit auch keine Berge.

Wenn wir als Erden-Engel unser Licht nach außen strahlen, werden bestimmte Menschen sich von uns angezogen fühlen und uns möglicherweise um Rat fragen. Dann ist es richtig, zu antworten. Kryon hat dies sehr schön in dem Gleichnis von der »Teergrube« beschrieben: Zunächst stecken wir zusammen mit anderen Menschen in einem Teerloch, sind völlig mit Schlamm bedeckt und unfähig, uns zu bewegen. Doch Gott hat uns Lichtarbeiter in der Neuen Energie ein magisches Werkzeug als Geschenk zur Verfügung gestellt. Es bewirkt, dass wir sauber und frei von Teer bleiben, obwohl wir uns noch in der zähen Masse befinden. Die anderen um uns herum wundern sich darüber, was wir anders machen als sie, denn wir können uns frei bewegen. Sie beobachten uns, und indem sie es so machen wie wir, verändern sie sich, ohne dass wir sie mit missionarischem Eifer zu irgendetwas bekehren wollten.[17]
Indem wir strahlen und leuchten, weil wir unsere Schwingung erhöht haben, trauen sich auch die anderen Menschen, ihr Licht »anzuknipsen«. So einfach ist das.

Gier

Die Gier (lat. avaritia) gehört in der Theologie zu den sieben Hauptlastern des Menschen. Ich kenne viele Lichtarbeiter, die sich immer am Rande des Existenzminimums befinden, obwohl sie wunderbare Talente und Fähigkeiten haben. Diese Menschen sind möglicherweise dazu aufgerufen, in ihre Selbstliebe und ihren Selbstwert einzutauchen und ihr Glaubensmuster »Ich bin nicht gut genug« aufzulösen, um Fülle und Wohlstand anzuziehen.

Es gibt jedoch auch Autoren, Seminarleiter und Therapeuten, die von einer Welle des Erfolgs überrollt werden, übervolle Terminkalender und massenweise

Seminarteilnehmer haben und spektakuläre Heilerfolge aufweisen. In dieser Lebensphase in der Klarheit und Reinheit des Herzens zu bleiben und sich nicht der Gier hinzugeben, ist die größte Herausforderung, die wir Erden-Engel zu bewältigen haben.

Am Anfang, wenn der große Erfolg noch weit entfernt ist, ist die Freude über die kleinen Erfolge vielleicht das dominierende Gefühl. Und endlich einmal genug Geld zur Verfügung zu haben ist wunderbar. Wenn dann die Lobeshymnen und die Anzahl der Leser, Klienten und Seminarteilnehmer zunehmen, ist der schmale Grat zwischen gesunder Eigenliebe und Eitelkeit schnell überschritten, und die Gier erobert ihren Platz in unserem Leben: Gier nach mehr Geld, nach noch mehr »Anhängern«, nach Zuwendung und positivem Feedback, nach Prestige und öffentlichem Applaus – doch dahinter steckt oft die pure Angst vor Armut, Existenzverlust, Liebesentzug und Einsamkeit. Dies kann geschehen, wenn die Herzensqualitäten verloren gegangen sind und das bereits besiegt geglaubte Ego wieder zu neuem Leben erwacht und den scheinbaren »Meister« bzw. die »Meisterin« zu seinem Homunkulus macht.

Plötzlich haben wir keine Zeit mehr für die Familie und die Freunde, lieb gewordene Rituale, die einst das Leben bereicherten, bekommen keinen Raum mehr in unserem Leben oder die eigenen Bedürfnisse werden ignoriert, weil die Öffentlichkeit ruft. Spätestens dann ist es Zeit, einen Schritt zurückzutreten. Dieser Schritt ist in Wirklichkeit ein Schritt in die Heilung. Sie besteht darin, zuerst zu prüfen, ob und in welchem Maße wir noch im Einklang mit der eigenen Wahrheit und den Wünschen sind, wie sehr im inneren Frieden und in der bedingungslosen Liebe zu allem, was ist. Danach müssen wir entsprechend handeln.

Illusion

In der Advaita Vedanta, den vedischen Schriften, ist »Maya« die Illusion, die dann entsteht, wenn der Mensch seine Göttlichkeit und die göttliche Präsenz nicht wahrnimmt. »Maya« bedeutet immer Dualität und Getrenntsein von Gott. Die Erweckung unseres Lichtkörpers und die Schwingungserhöhung der Erde und ihrer Bewohner führen uns aus der Dualität zurück in die Einheit, sodass wir die Rückverbindung mit der göttlichen Quelle spüren. Doch auf dem Weg durch die

Dimensionen werden wir als Erden-Engel noch viele Schleier der Illusion lüften müssen.

Auf einer ganz alltäglichen, praktischen Ebene zeigt sich »Maya« beispielsweise in den Ängsten, die sich mit starken Gefühlen von Liebe, Vertrauen und Einssein abwechseln. Diese Ängste lassen uns an allem zweifeln, was wir je als stimmig und wahr empfunden haben. Sie täuschen uns vor, dass jegliche Verbindung zur Geistigen Welt abgeschnitten ist.

Der Prozess des Dimensionswechsels ist so anstrengend, dass es ganz normal ist, wenn uns manchmal die größten Zweifel beschleichen, ob wir nicht einem riesigen Schwindel aufsitzen. Vielleicht irren die Hopis und alle anderen indigen Völker, die vom Paradigmenwechsel und dem »Goldenen Zeitalter« sprechen? Warum geht es denen, die wir für gar nicht spirituell halten, eigentlich viel besser? Oft fühlen wir uns richtig mies, alles tut uns weh und Geld mit dem zu verdienen, was wir gerne machen, funktioniert auch nicht so richtig. Kennst du das? Auch das ist »Maya« – die Illusion.

Es kann auch »Maya« sein, wenn unser Verstand uns Botschaften in Form von Bildern oder Stimmen übermittelt und uns weismachen will, dass sie aus einer höheren geistigen Ebene stammen. Dies ist natürlich möglich, sollte jedoch genau geprüft werden. Ich schlage vor, mit dem Herzen zu prüfen, ob die Botschaften der Wahrheit entsprechen bzw. aus einer höheren Ebene stammen, besonders dann, wenn es dabei um Botschaften für andere Menschen geht.

In diesen Zeiten werden wir auch über das Internet mit »Channelings« geradezu überschüttet. Doch wir dürfen nicht vergessen, dass auch das beste Medium der Welt nur das Feld der Möglichkeiten und die Tendenz der Seele wahrnehmen kann. Es ist daher ratsam, zu spüren, womit wir in Resonanz gehen wollen und was uns eher abstößt. Spüren wir eine Abneigung gegen etwas, sollten wir tunlichst die Finger davon lassen. Die Entscheidung liegt bei uns. Wir sind Schöpfer unserer Realität, und das Geschenk Gottes an uns ist der freie Wille. Wir können uns jederzeit für die eine oder andere Möglichkeit entscheiden.

»Maya« zeigt sich auch in Hybris und in der Selbstüberschätzung, aber auch dann, wenn wir uns im Vergleich zu anderen »Erleuchteten« klein und unwichtig fühlen, wenn wir uns in emotionale Dramen hineinziehen lassen und uns in den »Täter-Opfer-Reigen« einreihen. Dann tanzen wir mit in der großen Maskerade der Illusionen.

Die Auflösung der Illusion geschieht, wenn wir unseren spirituellen Auftrag erkannt und aus ganzem Herzen angenommen haben. Indem wir ihn erfahren und leben, erinnern wir uns immer deutlicher daran, wer wir wirklich sind, und erkennen das Göttliche auch im anderen. So entsteht reines Bewusstsein und ein tiefes Gefühl von Frieden und Verständnis auf der Herzensebene.

Euphorie

Euphorie ist ein Gefühl, das zu den »Verneblern« der Illusion gehört. Im Gegensatz zur Freude, die ihren angestammten Platz in unserem Herzen hat, auch wenn sie nicht immer ausgelebt wird, ist die Euphorie ein Strohfeuer, das schnell entflammt, aber keine anhaltende Wärme erzeugt.

Ich erinnere mich an mein erstes Seminar, es war bei Rhea Powers. In manchen herzöffnenden Übungen erlebte ich einen starken Aufruhr meiner Gefühle und nahm intensive körperliche Empfindungen wahr. Ich hatte tiefsinnige Erkenntnisse gewonnen und schwebte unendlich glücklich und bereichert auf Wolke Sieben

nach Hause, wo ich am liebsten schon dem Nachbarn um den Hals gefallen wäre. Die Erweiterung meines Bewusstseins hatte mich so euphorisch gemacht, dass ich meine Arbeit mit einem Trällern auf den Lippen erledigte, denn schließlich hatte sich doch mein gesamtes Leben verändert, oder?

Nach etwa zwei bis drei Tagen war der Spuk bereits vorbei, und so hoch ich geflogen war, so tief fiel ich jetzt in die Klauen des fordernden Alltags. Die Folge waren »Ent-Täuschung« und das schale Gefühl, in ein großes schwarzes Loch gefallen zu sein.

Ich habe im Laufe meines Lebens noch viele weitere Seminare besucht und mich noch so manches Mal von der Euphorie narren lassen, doch mittlerweile hat sich das verändert. Meine Freude ist eine eher stille Genießerin, und mein Leben wandelt sich auf wundersame Weise und hält kleine und große Geschenke bereit.

Die Euphorie ist auch schnell da, wenn sich allmählich unser Drittes Auge öffnet und wir glauben, »Botschaften« für andere zu erhalten – und diese natürlich auch gleich demjenigen mitteilen müssen. Doch Vorsicht! Die Euphorie ist eine schlechte Begleiterin, denn sie geht oft mit dem Verstand einher. Und dass dieser ein Meister der Illusion ist, wissen wir bereits. Die Verschleierungstaktik der Euphorie hindert uns zudem in unserer Klarheit und Wahrhaftigkeit als »Channel«. Natürlich können wir alle ein Kanal sein, doch unsere Filter müssen so rein sein, dass wir wirklich glaubwürdig sind und dass diejenigen, die die Botschaft von uns erhalten, auch mit ihr in echte Resonanz gehen können.

Die Schattenseiten der Euphorie sind ihre Vergänglichkeit und Flüchtigkeit, die nagende Zweifel und Enttäuschung hinterlassen.

Freude hingegen ist eine Energie, die nachhaltig nährt, heilt, uns dankbar und friedvoll werden lässt. Sie bereichert unser Leben mit Humor und Leichtigkeit, hilft uns über schwierige Zeiten hinweg und erfüllt unser Herz mit Wertschätzung für das, was wir sind und haben.

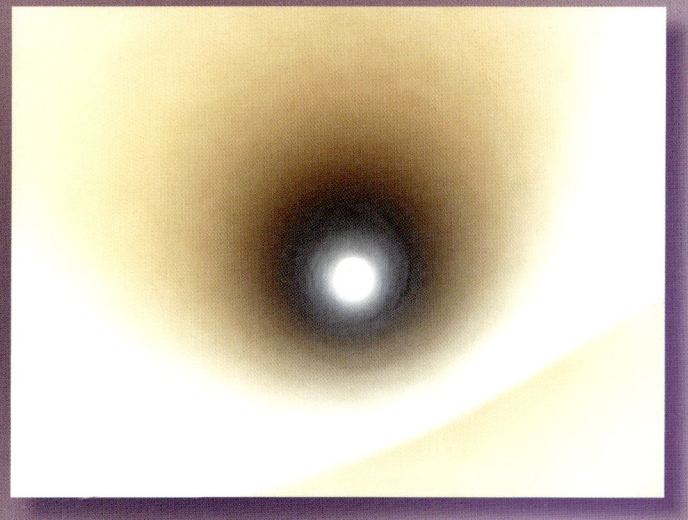

Von der Ego-Persönlichkeit zur Meisterschaft

Wenn unser Bewusstsein erwacht ist, entwickeln wir unsere Meisterschaft. Vor ein paar Jahrzehnten waren »Meister« in der Regel alte, weise Menschen, die, abgeklärt und losgelöst vom Alltag, ihren Schülern die Geheimnisse des Lebens und Sterbens lehrten. Einen so jugendlichen Weisen wie Babaji gab es eher selten. Heute leben schon viele Kinder als »Meister« unter uns, und auch die Lichtarbeiter beginnen bereits in jungen Jahren, ihre naturgegebene Meisterschaft anzunehmen. Die Voraussetzung für die Meisterschaft ist der »Tod« der Persönlichkeit, die vom Ego gesteuert wird und damit alle Charakterzüge der alten Energie in sich trägt. Dies sind Ängste, Machtmissbrauch, das Festhalten an überkommenen Glaubensstrukturen, das Beibehalten von alten, längst überkommenen Systeme unserer Gesellschaft, Neid, Gier, Konkurrenz, Täter-Opfer-Spiele und Manipulation, um nur einige zu benennen.

Wenn wir unsere Meisterschaft entwickeln, fallen diese Eigenschaften nach und nach wie eine Last von uns ab. Wir entdecken dann eine neue Freiheit unseres Seins, handeln aus dem Herzen heraus in Liebe und Frieden und haben es gelernt, unsere Gedanken zu disziplinieren.

Wir »ko-kreieren« mit Gott und erschaffen die neue Welt mit unseren freudvollen Visionen. Wir haben längst aufgehört, zu bewerten und zu urteilen, weil wir wissen, dass wir eins mit der Erde sind und auch eins mit der gesamten Schöpfung. Wir strahlen unser Licht nach außen und erlauben auch anderen Menschen, dies zu tun.

Ritual:
Den goldenen Thron einnehmen

Das folgende Ritual, das von mindestens zwei Personen ausgeführt wird, berührt uns tief innen im Herzen. Wenn wir auf symbolische Weise den Platz einnehmen, der uns menschlichen Engeln gebührt, weckt das die Erinnerung an unser wahres Selbst. Die Tränen, die bei den Teilnehmern dabei oft fließen, sind Tränen der Freude und manchmal auch des Schmerzes: Wir alle haben im Laufe der Menschheitsgeschichte unsere Macht abgegeben, unser Potenzial verleugnet oder uns klein gemacht, um anderen ihre Größe zu ermöglichen. Mit diesem Ritual nehmen wir bewusst unsere Meisterschaft an und auch die Verantwortung, alle Qualitäten, die einen Meister oder eine Meisterin auszeichnen, zu leben. Dazu gehört an erster Stelle das uneingeschränkte Vertrauen in den göttlichen Plan.

Weil wir alle das göttliche Licht, während des Rituals symbolisiert durch die weiße Kerze, in uns tragen und dieses Licht mit zunehmendem spirituellen Erwachen immer stärker wird, sollten wir es auch annehmen und weitergeben.

Anleitung:

Für dieses Ritual benötigt ihr:

◆ einen Stuhl oder Sessel, den ihr mit einem goldenen Dekostoff als »Thron« schmückt,

◆ eine lange weiße Kerze und

◆ ein Feuerzeug.

Bittet den Adepten/die Adeptin, auf dem Thron Platz zu nehmen, und bittet um die Teilnahme der »Engel-Vertreter« und der »Erden-Vertreter«, also Menschen, die sich für das Ritual in diese Rollen einschwingen.

Je ein Engel-Vertreter legt seine Hand auf die Schulter des Adepten und stimmt sich auf die Energie von Vater Himmel ein. Je ein Erden-Vertreter legt seine Hand auf einen Fuß des Adepten und stimmt sich auf die Energie von Mutter Erde ein.

Schaut nun der Person, die auf dem Thron sitzt, in die Augen, und bittet sie, langsam die folgenden Worte nachzusprechen. Bei der Wahl der Worte könnt ihr euch auch von eurer Intuition leiten lassen.

»Ich (Name) bin es wert, auf diesem Thron zu sitzen, denn ich bin ein Engel in menschlicher Gestalt.

Ich bin mir meiner Göttlichkeit bewusst und bin bereit, meine Meisterschaft anzunehmen und mein Potenzial zu leben.

Ich verbinde mich mit jeder Faser meines Herzens mit der Erde und der göttlichen Quelle.«

Zündet nun die Kerze an, und gebt sie dem Adepten in die Hand.

Stellt folgende Frage:
»Bist du bereit, dein Licht anzunehmen?«

Der Adept/die Adeptin antwortet:
»Ich nehme mein Licht an und verbreite es, wo immer ich auch bin, was immer ich auch tue.
Sat Nam.«

Die Worte »Sat Nam« stammen aus dem Sanskrit und bedeuten soviel wie »Gottes Name ist die Wahrheit.« Es ist wichtig, die Kerze zu Hause abbrennen zu lassen. Sie erinnert den Adepten noch einmal an sein inneres göttliches Licht, das er in Wahrheit ist. Dieses Ritual kann natürlich mit jedem aus der Gruppe gemacht werden, wenn er dies wünscht.

Meditation:
Die Kraft der Kristallstühle

Höre schöne Meditationsmusik. Entspanne deinen Körper, und entspanne dich selbst in deinem Körper.
Erlaube deiner Persönlichkeit, während dieser Reise ruhig zu sein. Es gibt nichts zu tun, dieser Teil von dir kann völlig still werden. Je öfter du bewusst ein- und ausatmest, desto entspannter wirst du und alle angespannten Muskeln in deinem Körper werden weicher. Durch deine Absicht geschieht es. Wenn du magst, seufze ruhig ein paar Mal, und lasse dabei etwas von der körperlichen Anspannung los.

Die Erde trägt dich, du kannst dich ihr anvertrauen …
Wende deine Aufmerksamkeit ganz nach innen …

Ich werde dir nun Bilder vorschlagen, die du dir vorstellen kannst, wenn du magst. Wenn unerwünschte Gedanken kommen, dann entspanne dich noch tiefer, und lenke deine Aufmerksamkeit auf die Musik oder deine Absicht.

Mache es dir ganz bequem, sodass du frei und leicht atmen kannst. Während du jetzt einatmest, fließt eine sehr ruhige, stille Energie in dich hinein, sie fließt auch in deinen Mental- und Emotionalkörper und du beruhigst dich. Du bist nun vollständig entspannt, gegenwärtig, aber an der Grenze zum Einschlafen …

Stelle dir irgendwo im Universum eine Lichtpyramide vor, die sich in der fünften Dimension befindet. Sie ist deine persönliche Pyramide der Wandlung, und auf ihr gibt es einen Schlussstein. Dieser enthält einen spiralförmigen Regenbogenstrahl des Lichts, der alle Farben, Tugenden und Eigenschaften von Vater-Mutter-Gott beinhaltet. Trete in das Innere der Pyramide ein, und schaue dich um.

Die Wände und der Boden der Pyramide strahlen ein inneres Licht aus. Du siehst zwölf Kristallstühle in einem Kreis und in der Mitte der Pyramide steht ein Kristallbett. Wenn du dich auf es legst, passt es sich deinem Körper perfekt an. Über dem Tisch hängt ein wunderbarer klarer Bergkristall und unter ihm lodert ewig die Violette Flamme – so wie es Erzengel Michael empfiehlt.[18]

Heute sind die zwölf Kristallstühle für dich wichtig. Jeder Kristallstuhl strahlt eine bestimmte Farbe aus. Jede Farbe hat ihre eigene Schwingung und Qualität. Wenn du dich in den Stuhl und somit die Farbe hineinsetzt, badest du in der Matrix dieser Farbe und energetischen Qualität. Gleichzeitig strahlt die entsprechende Farbe aus der göttlichen Quelle von oben auf dich herab.

Stelle dich nun vor den ersten Kristallstuhl. Er strahlt die Farbe Rot aus und lädt dich dazu ein, dich mit deiner Begeisterung zu verbinden, mit deiner Entschlussfreudigkeit, Kraft und deinem Mut. Lasse die Farbe Rot aus dem Stuhl aufsteigen, und setze dich dann in sie hinein. Tauche in sie ein, bade all deine Körper in dieser Farbe. Empfange das Rot auch von oben.

Begib dich nun zum zweiten Stuhl. Er strahlt die Farbe Orange aus und lädt dich dazu ein, dich mit deiner Kreativität zu verbinden, mit deiner Lebensfreude und mit deinen Gefühlen. Setze dich in dieses kraftvolle Orange hinein, und nimm das Geschenk der Farbe an. Empfange die Farbe Orange auch von oben.

Stehe auf, und gehe weiter zum dritten Stuhl. Er strahlt ein leuchtendes Gelb aus. Bade nun alle deine Körper in diesem Gelb, und sage Ja zur Energie der Sonne, zu deiner Gedankenkraft und der Belebung deiner intellektuellen Fähigkeiten.

Begib dich nun zum vierten Kristallstuhl. Er leuchtet in einem kräftigen Grün. Es ist die Farbe des Wachstums, des Lebens und der Heilung. Setze dich hinein, und bade deinen Körper bis auf die Zellebene in Grün. Verbinde dich wieder aus vollem Herzen mit der Natur und deiner Mitte.

Gehe dann weiter zum fünften Kristallstuhl, der ein intensives türkisfarbenes Licht ausströmt. Setze dich hinein, und erlaube dem Türkis, deine Zellen zu erneuern und dich mit der »Delfin-Energie«, der Energie der Freude und Verspieltheit, zu verbinden. Erlaube deinem

Inneren Kind, zu heilen, und nimm es fest und liebevoll in deine Arme.

Begib dich nun zum sechsten Kristallstuhl, der in ein sanftes rosafarbenes Licht getaucht ist. Setze dich auf ihn, und verbinde dich mit der tiefsten Liebesenergie, mit der Weisheit deines Herzens und der göttlichen Christus-Liebe. Rosafarbenes Licht dringt tief in dich ein und strahlt aus dir heraus. Bade in deiner Liebe, und empfange den rosafarbenen Strahl auch von oben.

Begib dich dann zum siebten Kristallstuhl, der ein strahlendes Blau aussendet und die Energie der tiefen inneren Ruhe, des Friedens und der Stille. Setze dich, und lasse dich vollständig von diesem intensiven, herrlichen Blau durchdringen.

Gehe dann weiter zum achten Kristallstuhl. Er hüllt dich ein in ein magisches, geheimnisvolles Violett. Wenn du dich auf den Stuhl setzt, wirst du immer tiefer in dein Innerstes gezogen, und der göttliche Frieden in dir verstärkt sich. Erlaube der Amethystenergie, deine Zellen zu transformieren, dein Bewusstsein zu erweitern und alle Schleier aufzulösen, die dich von deinem wahren Selbst trennen. Violett umhüllt dich nun vollständig.

Gehe weiter zum neunten Kristallstuhl, der ein warmes, einladendes Kupferrot ausstrahlt. Diese Farbe erlaubt dir, dich wieder mit der göttlichen Matrix zu verbinden, mit dem Plan deiner Seele. Sie gibt dir die Erinnerung daran zurück. Bade in kupferfarbenem Licht.

Begib dich nun zum zehnten Kristallstuhl. Es ist der Stuhl, von dem aus du Grace, den silbernen Strahl der Gnade, empfangen darfst, wenn du es möchtest. Auch diesen Strahl empfängst du von oben, von der göttlichen Quelle. Öffne dein Kronenchakra weit, und empfange das silberne Kristalllicht. Sprich dazu:

»Ich bitte die Gnadenenergie, alle alten karmischen Muster aufzulösen, die nicht mehr meiner Entwicklung dienen. Ich rufe die Elohim der Gnade, mein Wesen mit Liebe und Vergebung zu füllen. Ich bitte die Gnadenkraft, mich zu unterstützen. Danke.«

Fülle dich nun vollständig mit der silbernen Energie der Gnade und Vergebung.

Gehe dann weiter zum elften Kristallstuhl, der umhüllt ist von strahlendem, funkelndem Gold. Auch hier empfängst du den goldenen Strahl von oben aus der göttlichen Quelle direkt in dein Kronenchakra. Er erfüllt dich mit göttlicher Weisheit, Frieden und Christus-Liebe. Lasse das goldene Licht in dich hineinströmen, und erlaube deinen Zellen, sich zu regenerieren.

Begib dich dann zum letzten Stuhl, und bade in den diamantenen Partikeln eines leuchtenden, strahlenden Weiß. Hier vereinen sich alle Farben zu der einen göttlichen Essenz. Öffne dich, und lasse dich durchfluten von diesem diamantenen Licht, das sich in deinen Körper ergießt, dich einhüllt in die Fülle und Liebe des Schöpferlichts. Erlaube diesem Licht, dich daran zu erinnern, wer du wirklich bist: Licht und Liebe, Freude und Fülle, göttliche Weisheit und göttliches Bewusstsein.

Stehe nun auf, und lege dich wieder in das Kristallbett. Du bist nun umgeben von Engeln. Über dir strahlt der Bergkristall, und unter dir lodert die ewige Violette Flamme der Transformation. Erlaube den Engeln, dass sie ihre Lichthände auf deinen Körper legen oder auch in deine Aura, um ihre heilenden Energien auf dich zu übertragen. Lasse es geschehen, und genieße es.

Verlasse dann wieder die Lichtpyramide der fünften Dimension, und nimm dich in deinem Körper wahr, in deiner Schwere und deiner Festigkeit als Erdenwesen.

Die Rückkehr der
weiblichen Urkraft

Spätestens mit Dan Browns Thriller »Sakrileg« hat die Diskussion um eine Liebesbeziehung zwischen Jesus und Maria Magdalena das kollektive Interesse geweckt. Auch Tom Kenyon hat mit seinem gechannelten Buch »Das Manuskript der Magdalena« vieles ans Tageslicht gebracht, was die Kirche seit 2.000 Jahren im Verborgenen hält.[19]

An dieser Stelle soll es weniger um Jesus und Maria Magdalena als Paar, sondern vielmehr um die Lawine eines neuen Frauenbildes, die dabei losgetreten wurde, gehen. Maria Magdalena ist eine machtvolle Vertreterin einer kühnen, kraftvollen und sinnlichen Weiblichkeit, einer Urkraft, die den Frauen im Laufe der Menschheitsentwicklung immer mehr abhandengekommen ist. Diese Weiblichkeit ist auch die Energie der jüdischen Shekina, die nicht etwa den sanftmütigen und mütterlichen Aspekt verkörpert, sondern das Drachenfeuer, die Transformation, den Sturm, der über alles Alte hinwegfegt und Mauern einreißt. Sie ist die Energie der Isis, die eine mächtige Zauberin war und über enorme spirituelle Kräfte verfügte und die alles sein konnte, liebend und nährend, zornig und wild.

Wenn wir unsere gottgegebene Kraft und Macht, unsere Urkraft, wieder annehmen, heilen wir den riesigen »Schmerzkörper Frau« und alle karmischen Wunden stellvertretend für alles Weibliche hier auf Erden. Das ist das Geschenk der Maria Magdalena. Als Aufgestiegene Meisterin Lady Nada zeigt sie uns auch, wie das Feuer der Sinnlichkeit und das Wasser der Hingabe gleichermaßen gelebt werden können. Lebensfreude und Pioniergeist gepaart mit Schönheit, emotionaler Intelligenz, Kreativität und spiritueller Weisheit verbinden sich dann mit der fürsorglichen, mütterlichen Facette der Frau, und es entsteht eine Energie, durch die sich die Männer oftmals stark herausgefordert fühlen.

Maria Magdalena ruft die Frauen auf, ihre eigene Wahrheit auszusprechen und nicht länger hinzunehmen und zu schweigen. Dies lernen wir, zu tun, indem wir endlich unsere eigene Göttlichkeit annehmen.[20]

Im Laufe der Geschichte wurden Frauen ihrer Rechte beraubt und entmachtet. Sie haben Gewalt, Unterdrückung und Demütigung erfahren und ihre Sexualität den Bedürfnissen der Männer angepasst. Dabei hielten sie ihre spirituelle Kraft, zu segnen und zu heilen, oftmals zurück. Dies hat dazu geführt, dass ein riesiger Leidensdruck in den Frauen entstanden ist, der sich nun entlädt. Immer mehr Frauen verleihen endlich in sehr klarer und kompromissloser Weise ihrem Unmut Ausdruck, sei es in der Politik, der Wirtschaft, im Bildungssystem oder einfach zu Hause in ihren Familien. Das Halschakra der Frau öffnet sich zunehmend, und so strömen aus diesem »Kraftort« Worte, die die Welt nicht mehr ignorieren kann.

Ich glaube, dass es bei den Botschaften der Maria Magdalena um Bewusstseinsprozesse geht, die Männer und Frauen gleichermaßen durchlaufen. Wir haben alles in uns, Sonne und Mond, Feuer und Wasser, heiligen Zorn und hingebungsvolle Liebe. Deshalb mag ich den Ausdruck »Vater-Mutter-Gott« so gerne. Er drückt aus, wer wir wirklich sind: männliche, weibliche und vor allem göttliche Wesen!

Das Wiederannehmen der weiblichen Urkraft kann nur dann erfolgreich geschehen, wenn auch die Männer ihre Schöpferkraft und Macht zum Wohle aller Wesen einsetzen und ganz in die Freude der »Delfin-Energie« (siehe nächstes Kapitel) eintauchen. Der Widerstand vieler Männer, sich ganz auf ihren Seelenplan einzulassen, führt bei Frauen, die ihren spirituellen Auftrag angenommen haben, zu tiefer Enttäuschung und Resignation. Er ist auch die Ursache mancher Missverständnisse und Kommunikationsprobleme. Bei Paaren verschieben sich die Verständnisebenen manchmal so sehr, dass ein Austausch über das Herz nicht mehr

möglich ist. Manche Männer reagieren dann mit Feindseligkeit, fühlen sich in ihrer Macht bedroht, fürchten die Stärke ihrer Frauen und ziehen sich schließlich zurück oder wenden sich anderen, ihnen ähnlicheren Partnerinnen zu.

Die Chance dieser neuen Zeit besteht darin, eine Balance zu finden und männlicher und weiblicher Energie in uns gleichermaßen einen Platz zu geben, denn dies lässt uns frei sein und schafft Raum für ganz neue Erfahrungen. Erst die Polarität unseres menschlichen Körpers bringt die Liebesenergie ins Fließen.

Ritual:
Die weibliche Kraft wieder annehmen

Dieses Ritual symbolisiert Vergebung und die bedingungslose Rückgabe der weiblichen Macht durch den Mann an die Frau. Es kann auf beiden Seiten wie ein großes entspannendes Ausatmen wirken. Ich bin außerdem davon überzeugt, dass das Ritual, wenn es von vielen Paaren zelebriert wird, eine energetische Ausstrahlung auf das kollektive Mann-Frau-Verhältnis in unserer Gesellschaft haben kann.

Anleitung:

Dieses Ritual sollte von einem Paar zelebriert werden.

Ihr braucht:
◆ eine rote Kerze und
◆ eine rote Rose.

Der Mann zündet die Kerze an und spricht laut:

»Ich (Name) übergebe dir (Name), stellvertretend für alle Männer, diese Kerze. Sie steht für dein Licht und das Licht aller Frauen, das bisher im Verborgenen schien. Bitte nimm es, und lasse es leuchten, sodass auch das Strahlen aller anderen Frauen all unser Bewusstsein erhellt.«

Der Mann übergibt ihr die Kerze, nimmt die Rose und spricht laut:

»Ich bitte dich und alle Frauen im Namen aller Männer um Vergebung für das, was wir euch seit Jahrtausenden an Leid zugefügt haben. Bitte nimm diese Rose als ein Zeichen unserer Liebe und Wertschätzung. Nimm all die Macht, die du an uns abgegeben hast, nun wieder zu dir zurück.«

Der Mann übergibt der Frau die Rose.
Die Frau hält die Kerze und die Rose und spricht:

»Ich, (Name), nehme mein Licht, meine Macht und Stärke mit Freude wieder an.
Ich vergebe allen Männern im Namen aller Frauen das, was ihr uns jemals an Leid zugefügt habt.
Ich verspreche jetzt und für immer, meine eigene Wahrheit auszusprechen, in nährender und stärkender Weise.
Ich stehe zu mir und zu meinen Bedürfnissen und ziehe Grenzen, wo immer ich es für richtig halte.
Ich verbinde mich wieder ganz mit meiner Schöpferkraft und meinem Vermögen, zu heilen und zu segnen.
Ich vereinige das Weibliche und das Männliche in mir, Yin und Yang, Mondin und Sonne.«

Jetzt haltet euch an den Händen.
Der Mann sagt: »Ich bin du, und du bist ich.«
Die Frau sagt: »Ich bin du, und du bist ich.
Ich erlaube auch dir, wieder ganz in deiner Kraft und Liebe zu sein.«
Gemeinsam sagt ihr: »Wir sind eins. So sei es.«

Die Rückkehr der männlichen
»Delfin-Energie«

Wer schon einmal das Glück hatte, Delfine zu beobachten oder sogar mit ihnen zu schwimmen, der hat die unbändige Lebenslust und Freude dieser wunderbaren Geschöpfe, die niemals in Gefangenschaft leben sollten, erfahren dürfen. Ihre Leichtigkeit, Freude und Sanftmütigkeit, gepaart mit Kraft und spiritueller Intelligenz, sind Qualitäten der männlichen Energie. Doch leider scheinen sie vielen Männern im Laufe der Jahrtausende abhandengekommen zu sein. Celia Fenn nennt diese Energien die »lunare männliche Energie« und meint damit die in Vergessenheit geratene weibliche, gefühlsbetonte Seite des Mannes, der auch den »Wassergott« repräsentiert. So wie jetzt die weibliche Urkraft zu den Frauen zurückkehrt, sind auch die Männer dazu aufgefordert, sich der »Delfin-Energie« zu öffnen.

Der emotionale »Schmerzkörper des Mannes« ist ebenso verletzt wie der der Frau. Dies sind die Auswirkungen von Machtmissbrauch, Unterdrückung, Gewalt, Krieg, Gier, Manipulation und Kontrollbedürfnis im Zeitrahmen unserer Geschichte. Da jeder von uns im Rad der Inkarnationen bereits männlich und weiblich war, kann es nicht um Schuldzuweisung gehen, sondern um Heilung. Die Zeitenwende bietet uns nun die Chance, uns mit uns selbst und dem anderen Geschlecht zu versöhnen. Auf einer höheren Ebene funktioniert dies nur, wenn die Frauen ihre Kraft und Würde wiedererhalten haben. Auf der Alltagsebene zeigt sich dies in einem neuen Verständnis von Partnerschaft und Sexualität, das die klassische Rollenverteilung sprengt.

Frauen, die sich selbst in ihrer weiblichen Kraft angenommen haben und sich damit wohlfühlen, heißen auch die »Delfin-Energie« der Männer willkommen. Männer müssen in der Neuen Energie nicht mehr nur die starken Kerle sein, die alles auf ihren Schultern tragen und in der Firma die Karriereleiter endlos hochsteigen. Sie erlauben sich nun, liebevoll und einfühlsam zu sein, verspielt und voller Lachen – und sie sind dabei trotzdem ganze Männer!

In unserer Menschheitsgeschichte war es Jesus (Jeshua), der diese besondere »Delfin-Energie« verkörperte. Diese besondere Energie lebt in der Signatur unserer Zellen fort. Es ist höchste Zeit, dass sich die Männer wieder an sie erinnern und sich damit die Seelensplitter zurückholen, die sie in den Wirren unserer Entwicklung verloren haben.

Ritual:
Die Jeshua-Energie
wieder empfangen

Dieses Ritual erlaubt den Männern, nicht ausgelebten Gefühlen, wie unbändiger Freude, Leichtigkeit, Verspieltheit, Sanftheit und Stärke zugleich, wieder Ausdruck zu verleihen. Gerade Männer, die sich enorm unter Druck setzen, leistungsorientiert sind und unermüdlich »ihren Mann stehen müssen«, erfahren sich in dem Ritual als angenehm weich und liebevoll, ohne sich dabei wie ein »Softie« zu fühlen.

Ich glaube, dass eine Welle der Entspannung, des Ausatmens durch die Männer fließen wird, wenn sie sich selbst die Erlaubnis geben, ihre naturgemäße Freude und Leichtigkeit zu leben und die Verantwortung für diese Welt mit den Frauen zu teilen.

Anleitung:

Du brauchst:

◆ einen Stuhl,
◆ eine türkisfarbene oder meerblaue Kerze für das Element Wasser,
◆ eine Feder als Symbol für Leichtigkeit,
◆ ein Feuerzeug und
◆ ein Foto von dir, auf dem du lachst und fröhlich bist.

Stelle dich vor den Stuhl, und lege dein Foto darauf. Zünde die Kerze an, und nimm sie in die rechte Hand und die Feder in die linke. Bitte nun mit geschlossenen Augen Jesus Christus (Jeshua/Sananda) und die Delfine um die Energie der Freude, der Leichtigkeit, der Hingabe und der Stärke.

Öffne dein Herz ganz weit, und spüre die Liebe in dir. Warte, bis sich das Feld der »Delfin-Energie« ganz aufgebaut hat, was manchmal ein paar Minuten dauern kann. Setze dich dann mit geschlossenen Augen ganz behutsam auf deinen Stuhl, direkt auf dein Foto.

Lasse dich von dieser wunderbaren Energie, die männliche Kraft und weibliche Hingabe in Einklang bringt, durchfluten, umfangen und durchströmen.

Bitte Jesus darum, dass er seine Lichthände auf deine Schultern legt, und nimm wahr, wie sicher und geborgen du bist. Bleibe ein paar Minuten so sitzen, und genieße …

Betrachte das Leben als ein Spiel, in dem du wie ein Kind handelst und dir trotzdem deiner Macht und Verantwortung bewusst bleibst.

Stehe auf, und wiederhole die Schritte zwei- bis dreimal. Du wirst feststellen, dass sich die Energie verstärkt. Bedanke dich bei Jesus, und öffne langsam deine Augen.

Lasse deine Kerze abbrennen, sie erinnert dich an das Feuer der Liebe in dir und fordert dich dazu auf, auch deine sanftmütige und verletzliche Seite zu zeigen. Das Element Wasser unterstützt dich dabei, aufgestaute Gefühle fließen zu lassen.

Unsere neue Erde …

und was wir Erden-Engel für sie tun können

Wenn wir spüren, dass wir nun lange genug »im eigenen Saft geschmort haben«, uns selbst erforscht, analysiert, viel erlebt und erlitten haben, wenn wir unser Ego einigermaßen im Zaum halten können, dann wird es Zeit, den Dienst als Lichtarbeiter für das Kollektiv anzutreten. Dies bedeutet, das Herz für alles Lebendige auf dieser schönen Erde zu öffnen und es zu segnen. Damit unterstützen wir alle und alles, was sich im Transformationsprozess befindet, auf zutiefst liebevolle Weise.

Wir haben als Lichtträger und Lichtarbeiter schon so viel losgelassen und transformiert, dass wir nun dazu aufgefordert sind, kraftvolle Visionen für eine neue Erde voller Frieden, Liebe, Gesundheit und Fülle zu entwickeln.

Glaube bitte nicht, dass wir so nichtig und unbedeutend im Weltgeschehen sind, dass wir nichts bewirken können! Denke an den Flügelschlag des Schmetterlings, der einen Tornado verursachen kann! Alles, was wir aus ganzem Herzen und voller Liebe tun, fällt irgendwo auf fruchtbaren Boden, in dem die Saat zu einer strahlend schönen Blume aufgehen kann.

Alle nachfolgenden Meditationen dauern etwa zehn Minuten. Du kannst z.B. eine Woche lang täglich die Meditation »Kollektiven Frieden unterstützen« praktizieren und die Woche darauf täglich den »Schutz der Wale und Delfine«. Als Gruppe könnt ihr die Energie dieser Meditationen erheblich verstärken, wenn ihr gemeinsam meditiert. Wenn wir, wie in den folgenden Meditationsübungen, mit dem Kollektiv arbeiten, müssen wir uns dessen bewusst sein, dass wir unsere Transformationsarbeit nicht permanent für uns, sondern auch für das Kollektiv tun. Schwingungen der Angst und Depression anderer Menschen sind fühlbar und beeinflussen uns mehr, als wir es uns vorstellen können. Deshalb ist es wichtig, dass wir uns immer wieder zum Schutz mit weißem Licht umhüllen und darauf achten, in unserer Kraft und Selbstliebe zu bleiben. Wenn wir mit den Engeln und Aufgestiegenen Meistern in einem »Heilkreis« zusammenarbeiten, sind wir immer auf der sicheren Seite, denn Heilung geschieht da, wo sie geschehen soll.

Kollektive Gesundheit auf allen Ebenen
(mit Zehn-Minuten-Meditation)

Heilung kann nur geschehen, wenn wir in der Liebe sind. Die Kraft, zu heilen, entströmt unserem Herzen, und in der Haltung der bedingungslosen Liebe erwarten wir alles und nichts. Dies ist besonders herausfordernd, wenn es nahe Verwandte oder Freunde sind, die der Heilung bedürfen. In erster Linie entscheidet der Kranke, ob er zur Heilung bereit ist, ob er sich so weit öffnen und neue Wege beschreiten möchte, die vielleicht sein bisheriges Leben infrage stellen.

Wir können den kranken Menschen helfen, Möglichkeiten zu finden, ihre krank machenden Muster und Blockaden zu erkennen und zu bearbeiten. Wir können ihnen auch Vorschläge für alternative Heilmethoden machen, doch die Verantwortung für sich tragen sie allein. Wenn wir ihr Leid auf unsere Schultern nehmen, sie als Opfer sehen und krampfhaft »heilen« möchten, kann es sein, dass wir ihnen eine große Chance nehmen, auf eine höhere Ebene des Bewusstseins zu gelangen. Wissen wir, warum sich ihre Seelen eine vielleicht lebensbedrohliche Krankheit ausgesucht haben? Weil sich alles in der göttlichen Vollkommenheit bewegt, hat auch Gott keinen Fehler gemacht. Wir versuchen immer sehr schnell, mit unserem Verstand zu analysieren, warum ein Mensch krank geworden ist, und bieten genauso schnell Möglichkeiten zur Genesung an. Doch unser menschliches Verständnis ist so begrenzt und fehlerhaft, dass es besser ist, auf die unendlich große Weisheit der Seele zu vertrauen. Es ist schön, wenn wir unsere Heilkräfte nutzen und uns als Kanal, als Werkzeug der universellen Lebensenergie, zur Verfügung stellen, doch sollte dies immer mit dem Credo »Herr, dein Wille geschehe« verbunden sein.

Zehn-Minuten-Meditation: Kollektive Gesundheit auf allen Ebenen

Achte darauf, dass du für die nächsten zehn Minuten nicht gestört wirst. Wenn du magst, höre schöne Meditationsmusik. Setze oder lege dich bequem hin, und schließe deine Augen. Atme ein paar Mal lang und tief in dein unteres Kraftzentrum (Dan Tien) hinein, und entspanne dich dabei. Öffne dein Herz, gehe in deine Liebe, und verbinde dich mit deinem Höheren Selbst und der Geistigen Welt.

Bitte darum, dass sich nun alle lichtvollen Wesen aus dem Reich der Engel und Aufgestiegenen Meister einfinden. Lade auch die Elemente, die Elementarwesen und die Hathoren ein.

Stelle dir nun die Erdkugel vor deinem inneren Auge vor, und nimm die Meere, die Kontinente, die Wüsten, die Wälder und die Berge wahr. Nimm die Erde als bewohnt wahr, sieh die Menschen, Tiere, Pflanzen, Mineralien und auch die Elemente.
Bitte den Schöpfer, einen kraftvollen Heilstrahl aus kristallinem Licht direkt aus der göttlichen Quelle auf die Erde zu senden. Das Licht umhüllt jedes lebendige Wesen auf der Erde. Bitte auch Erzengel Raphael, einen grünen Heilstrahl auf die Erde zu senden. Dieses grüne Licht legt sich um jeden Menschen, jedes Tier, jede Pflanze, jeden Stein und um alle Elemente. Es durchdringt gemeinsam mit dem kristallinen Schöpferlicht alle Ebenen des Lebendigen.

Sprich nun laut die folgenden Worte:

»Ich bitte darum, dass Heilung auf allen Ebenen geschieht.
Mögen alle physischen Körper und auch alle Gedanken und Emotionen, entsprechend dem göttlichen Plan, in die Vollkommenheit gelangen.

Ich bitte um Heilung aller negativen Gedankenmuster, um Heilung der karmischen Wunden und um die Befreiung von Süchten, Abhängigkeiten und Manipulationen.

Ich bitte darum, dass alle Lebewesen dieser Erde wieder ihre von Gott geschenkte Macht und Schöpferkraft zurückerhalten und sie zum Wohle aller nutzen.

Ich bitte darum, dass sich alle Menschen ihrer Selbstheilungskräfte erinnern und sie bewusst zur Heilung einsetzen.

Danke.«

Sende noch einmal aus vollem Herzen deine Liebe zu Mutter Erde und zu all ihren Bewohnern. Bedanke dich bei den Wesen aus der Geistigen Welt, die den Raum der Heilung mit dir teilen.

Was du noch tun kannst …

Beginne immer zuerst bei deinem eigenen Heilungsprozess. Sensibilisiere dich für alternative Heilmethoden, die in der Neuen Energie immer feinstofflicher werden. Du kannst Symbole nutzen, Pflanzenmedizin, heilende Worte und selbst mit dir und für deinen Körper singen.

Bestärke deine Mitmenschen in ihren Selbstheilungskräften, und erinnere sie immer wieder an sie.

Wann immer du daran denkst, bitte Erzengel Raphael um Heilung für die Erde und ihre Bewohner.

Falls du einen Globus oder einen Atlas hast, so halte deine Hände über bestimmte Gebiete (Katastrophen- und Kriegsgebiete; Landstriche, in denen Dürre oder Überschwemmung herrschen oder ein Erdbeben stattgefunden hat), und lasse grün-goldenes Licht aus deinen Händen strömen. Gehe in den Zustand der Liebe, und sende Heilenergie in die Gebiete, zu den Menschen, Tieren und Pflanzen.

Bete regelmäßig für die Heilung der Erde und all ihrer Lebewesen.

Kollektiver Frieden
(mit Zehn-Minuten-Meditation)

Bevor wir Weltfrieden erschaffen können, müssen wir in uns selbst friedvoll sein. Unser Alltag schenkt uns dazu immer wieder herausfordernde Gelegenheiten, in denen wir prüfen können, wie weit wir in unserer inneren Ruhe und Gelassenheit angekommen sind.

Mit zunehmender Schwingungserhöhung erfahren wir eine grundlegende Veränderung in unserem Bewusstsein. Dies zeigt sich auch darin, dass wir verständnisvoller und liebevoller miteinander kommunizieren. Das Gefühl des Einssein wird immer stärker, sodass wir fast automatisch in Frieden kommen mit allem, was ist.

Zehn-Minuten-Meditation: Kollektiven Frieden unterstützen

Lege oder setze dich bequem hin, und nimm ein paar bewusste, tiefe Atemzüge. Atme tief ein, und atme laut auf »Haaaaaahhhh« aus. Dies klingt wie ein Seufzer und hilft dir, alles Schwere loszulassen. Mache es dreimal.

Richte dann deine Aufmerksamkeit auf dein Herzchakra, und atme durch dieses Chakra weiter ein und aus. Nimm wahr, wie es sich in dir ausdehnt und zu einer strahlenden goldenen Lichtkugel wird.

Je mehr du dein Bewusstsein auf dein Herzchakra richtest, desto leiser wird die Stimme deines Verstandes, flüsternd … bis sie schließlich ganz verstummt und es ganz still in deinem Kopf wird.

Genieße das Gefühl des Friedens in dir, und fühle Liebe und Dankbarkeit für die gesamte Schöpfung in deinem Herzen. Sei einverstanden mit allem, was ist. Sende dieses friedvolle Gefühl nun zu den Menschen in deinem Leben, mit denen du im Unfrieden bist, und nimm wahr, was geschieht. Sende dieses liebevolle Gefühl auch zu denen, die nicht im Frieden mit sich selbst sind …

Stelle dir nun unsere Erdkugel vor, in ihrer ganzen Pracht und Schönheit, wie ein leuchtendes Juwel im Kosmos. Bitte Vater-Mutter-Gott, ein sanftes hellblau-silbernes Licht zu senden, das die Erde umgibt. Es ist das Licht des Friedens, das nun in allen Geschöpfen auf der Erde zu wirken beginnt.

Bete dann aus vollem Herzen:

»Ich bitte darum, dass alle Geschöpfe dieser Erde in Frieden miteinander leben.«

Lasse Bilder, Klänge oder Gefühle in dir entstehen, die dir zeigen, wie sich Landesgrenzen öffnen und wie zerstörtes Land sich regeneriert. Was auch immer sich zeigt, wirke durch die Klarheit und Reinheit deiner Absicht, Frieden zu erschaffen, auf es ein.

Bitte dann Vater-Mutter-Gott um das kristalline Schöpferlicht, und nimm wahr, wie es auf die Erde strahlt und sich um die hellblau-silberne Erde wie eine Lichtaura legt. Nimm wahr, wie sich in allen Geschöpfen die Christus-Energie und das Bewusstsein, dass wir alle eins sind, verankert. Freue dich darüber, dass ganze Schwärme von Friedenstauben unseren Planeten begleiten und sich auf ihm niederlassen.

Komme nun wieder ins Hier und Jetzt zurück, und gehe mit deiner friedvollen und gelassenen Schwingung hinaus in die Welt.

Fülle und Wohlstand für alle

(mit Zehn-Minuten-Meditation)

Wenn wir in der Natur spazieren gehen und ihre Üppigkeit bewundern oder den luxuriösen Lebenswandel vieler Menschen und dazu unsere »Wegwerf-Gesellschaft« betrachten, erkennen wir, dass es genug Fülle für alle Menschen auf der Erde gibt, dass diese nur ungerecht verteilt ist.

Solange auch nur ein Kind auf der Straße verhungert, ist das kollektive Bewusstsein noch nicht vollständig erwacht. Eine vollkommen bewusste Menschheit würde aus Liebe und Mitgefühl und im Einssein handeln und Lösungen dafür finden, dass jeder Mensch hier auf diesem wahrhaft »reichhaltigen« Planeten sein Recht auf Nahrung, ein Dach über den Kopf, Bildung und Kleidung erhält.

Ich habe es schon als Kind nicht verstehen können, dass reiche Menschen ihr Geld horten, anstatt es auch in Projekte für die Dritte Welt zu investieren. Heute verstehe ich es noch viel weniger; ich weiß aber, dass es immer noch die Gier und der Machtmissbrauch sind, die die Herzen der Menschen verschließen. Doch ich vertraue fest darauf, dass sich auch in diesem Punkt ein großartiger Wandel vollziehen wird.

Zehn-Minuten-Meditation: Fülle und Wohlstand für alle

Setze oder lege dich bequem hin. Atme ein paar Mal tief ein und aus, und nimm wahr, wie du beim Ausatmen immer mehr Kontakt zur Erde bekommst, die dich sicher und geborgen trägt.

Nimm deinen Körper in seiner Schwere und Festigkeit wahr, und sei dir dessen bewusst, dass du die Manifestation eines göttlichen Gedanken bist und dass die Fähigkeit, selbst zu manifestieren, ein Geschenk des Schöpfers an dich ist.

Gibt es irgendeinen Mangel in deinem Leben? Fehlt es dir an Fülle und Wohlstand? Wenn dies so ist, werde dir dieses Mangels bewusst. Atme ihn tief in dein Herz hinein, sieh oder fühle, wie er dort sofort in weißgoldenes Licht umgewandelt wird, und atme dieses Licht aus.

Stelle dir nun den Idealzustand vor, so als wäre alles schon da, und fühle die Freude. Wenn du z. B. unter Geldmangel leidest, dann stelle dir nach der Transformation vor, dass Geld einfach und leicht zu dir fließt.

Richte deine Aufmerksamkeit jetzt auf dein spirituelles Herzzentrum, und atme so lange durch es ein und aus, bis du Dankbarkeit und Wertschätzung für all das, was du hast und bist, in dir spürst.

Lasse Bilder oder Gefühle in dir aufsteigen, die dir zeigen, wofür du dankbar sein kannst, und die dich daran erinnern, auf welche Weise viel Liebe, Fülle und Gnade als Geschenke in dein Leben gekommen sind.

Nimm wahr, wie es sich anfühlt, wenn alle Menschen dieser Erde das Gefühl von Zufriedenheit und Genährt-Sein, von Geborgenheit und Sicherheit in sich spüren, einfach weil sie gesund sind und ausreichend Nahrung haben, eine schöne Wohnstätte, wärmende Kleidung, eine Tätigkeit, die sie ausfüllt und glücklich macht und liebende Menschen um sich, die sie unterstützen.

Bitte aus ganzem Herzen darum, dass dies geschieht, und erlaube, dass Liebe und Mitgefühl sich in deinem Herzen ausbreiten. Atme die Gefühle aus, zu allen Menschen dieser Erde und auch zu allen Tieren.

Stelle dir vor, dass sich alle Menschen irgendwo in dieser Welt zusammenfinden und sich an den Händen halten. Menschen aller Hautfarben und Kulturen erleben das Einssein und Gehalten-Werden. Nimm nun wahr, wie sich der Himmel öffnet und sich ein riesiges Füllhorn über die Menschheit ausschüttet. Alle Menschen atmen weißgoldene diamantene Partikel des Schöpferlichts ein, baden darin, regenerieren sich, werden genährt und erleben Fülle auf allen Ebenen ihres Seins.

Gleichzeitig strömt die nährende, liebende Kraft von Mutter Erde in uns Menschen ein und öffnet unser Bewusstsein dafür, dass für alle genug da ist, um ein gutes und glückliches Leben führen zu können.

Sprich nun laut aus:

»Mögen alle Wesen auf dieser Erde im Einklang mit ihr in Fülle und Wohlstand leben!«

Wenn du dazu bereit bist, dann öffne langsam deine Augen, und sei wieder ganz im Hier und Jetzt.

Schutz der Wale und Delfine

(mit Zehn-Minuten-Meditation)

Wale und Delfine sind liebenswerte und intelligente Geschöpfe, die auf eine ganz besondere Weise mit uns Menschen kommunizieren. Gerade deshalb eignen sich vor allem Delfine ganz hervorragend als »Therapeuten« für autistische Kinder, die mit ihnen schwimmen, spielen und schmusen.

Delfine haben in der Tat eine heilende Wirkung auf Menschen – eine Freundin bezeichnete ihr Erlebnis beim Schwimmen mit Delfinen gar als ein »Eintauchen in die reine Freude«. Viele Menschen erfahren die Leichtigkeit und Verspieltheit der Delfine als genau das, was ihnen im Leben fehlt, anderen wiederum öffnen diese Wesen das Herz mit ihrer Liebesenergie und lösen wahre Glücksgefühle in ihnen aus.

Es sind viele Fälle bekannt, in denen Delfine Menschen vor Hai-Attacken bewahrt haben. Und es gibt sogar einen Fall, in dem ein Delfin eine Frau beim Schwimmen an der Brust anstupste, genau an der Stelle, an der sich

Knoten befanden, die in einer späteren Untersuchung entdeckt wurden.

Delfine können sich selbst sogar im Spiegel erkennen, was darauf hindeutet, dass sie wissen, wer sie sind, dass sie also ein »Selbstbewusstsein« haben, so wie wir es nur von Menschen und Primaten kennen.

Delfine sollten nie in Gefangenschaft gehalten werden und weder in Delfinarien für Shows noch als »Fernseh- oder Kinostars« dressiert werden. Auch Delfine als Therapeuten zu nutzen, ist nur dann vertretbar, solange die Tiere im freien Meer ungehindert schwimmen können und nicht durch Netze davon abgeschnitten werden.

Auch die Wale haben ein Geschenk für die Menschen: Ihre Gesänge wirken wie »Klangheilungen« und beruhigen unser Nervensystem, sodass wir durch sie in einen Zustand tiefer Entspannung kommen können, besonders, wenn noch Meeresrauschen zu hören ist.

Wir wissen, dass Wale und Delfine zu einer aussterbenden Spezies gehören. Sie werden auf grausame Weise abgeschlachtet (siehe dazu die Informationen über das Delfinsterben auf der Homepage von Ric O' Barry, der die preisgekrönte Dokumentation »Die Bucht« produziert hat). Sie stranden, weil die Sonare und die Bombentests schwere physiologische Schäden bei ihnen verursachen, oder sie landen in den Netzen der Thunfischfänger. Für mich sind sie Geschöpfe, die die Neue Energie verankern und Ströme von Liebe, Freude und Leichtigkeit zu uns senden.

Zehn-Minuten-Meditation: Schutz und Heilung der Wale und Delfine

Gehe an einen ruhigen Platz, an dem du ungestört bist, und höre schöne Musik, wenn du magst.

Atme frische, reine Energie ein und alte, verbrauchte Energie aus. Lade das Element Wasser ein, mit dir zu sein, und nimm auch in dir das Strömen dieses Elements wahr. Atme nun durch dein Herzchakra ein und aus, bis sich ein Gefühl von tiefem inneren Frieden in dir ausbreitet. Sende Dankbarkeit und Wertschätzung an Himmel und Erde.

Richte deine Aufmerksamkeit auf dein physisches Herz, in dem sich der heilige Raum befindet. Allein durch deine Absicht und die innere Führung bewegst du dich in deinen Herzensraum hinein. Bitte um Licht. In diesem nun hell erleuchteten heiligen Raum, der sich dir als Kammer, riesige Halle, Höhle oder auch als etwas ganz anderes zeigen mag, entdeckst du eine sprudelnde Quelle aus rosafarbenem Licht, die in einen See aus diamantenen Partikeln fließt.

Lade nun alle getöteten und gefangenen Wale und Delfine ein, sich mit dir zu verbinden und sich in deiner Heilquelle zu regenerieren. Stelle ihnen deinen Herzensraum als Oase der Gesundheit und des Friedens zur Verfügung.

Nimm wahr, was geschieht: Sie kommen in Scharen angeschwommen und tauchen ein in deine sprudelnde Quelle, die Wale behäbiger, die Delfine fröhlich und verspielt. All ihre Wunden, die körperlichen und auch die seelischen, werden im rosafarbenen Lichtwasser sofort geheilt und verwandeln sich im See der diamantenen Partikel in strahlendes Licht.

Stelle dir nun vor, dass der See der diamantenen Partikel einen direkten Zugang zu den Weltmeeren hat. Die geheilten und befreiten Wale und Delfine schwimmen voller Freude direkt ins offene Meer hinaus. Nimm wahr, wie dankbar und glücklich sie sind, dass du deinen Herzensraum mit ihnen geteilt hast.

Verabschiede dich dann von diesen wunderbaren Wesen, und komme langsam wieder ins Hier und Jetzt zurück.

Schutzgebet für die Wale und Delfine

»Wir bitten den Schöpfer allen Seins und alle lichtvollen Wesen, Engel und Meister aus der Geistigen Welt, liebevoll ihre schützenden Hände über die Wale und Delfine unserer Weltmeere zu halten.

Wir bitten euch Lichtwesen von ganzem Herzen: Lasst zusammen mit uns eure heilenden Kräfte in diesen besonderen Geschöpfen wirken, und heilt alle physischen und emotionalen Wunden, die unbewusste Menschen ihnen zugefügt haben, mit eurer Liebe.

Wir bitten nun, stellvertretend für die Menschen, die für das Leid dieser Wesen verantwortlich sind, die Wale und Delfine um Vergebung für alles, was ihnen an Gewalt, Freiheitsberaubung und Nichtachtung ihrer artgerechten Bedürfnisse angetan wird.

Wir bitten die Geistige Welt: Helft uns Menschen, ein Bewusstsein zu entwickeln für diese besonderen Wesen, die voller Liebe sind. Helft uns, unser Herz für sie zu öffnen. Bitte lasst Mitgefühl und Barmherzigkeit in die Herzen derer fließen, die diese Tiere bloß als einen ›Wirtschaftsfaktor‹ betrachten.

Bitte unterstützt uns darin, ein riesiges Gitternetz der Liebe zu bilden, das sich mit der Delfin- und Wal-Matrix verbindet, um diese Wesen und auch die Meere zu schützen.
Danke!«

Zu guter Letzt ...
»I have a dream«
– wie unsere Welt in zehn Jahren sein könnte ...

n meinem Traum hat sich Mutter Erde neu geboren. Sie lebt nun auf einem hohen lichtvollen Schwingungsniveau, das Gesundheit auf allen Ebenen, Fülle und Wohlstand, Frieden und vollständig erwachte Wesen dem Universum zum Geschenk macht.

Wir Menschen haben uns endlich von allen Liebe verhindernden und begrenzenden Gedankenmustern und Emotionen gereinigt, unser Karma aufgelöst und den Strahl der Gnade erfahren.

Wir haben erkannt, dass wir alle EINS und göttliche Kinder unseres Schöpfers sind. Jegliche »Be-Wertung«, jede »Ver-Urteilung« ist der bedingungslosen Liebe, dem Verständnis und dem Mitgefühl füreinander gewichen. Wir leben in Frieden und gegenseitiger Wertschätzung miteinander und respektieren das kulturelle Anders-Sein.

Jeder Mensch auf dieser Erde verfügt über ausreichend gesunde, biologisch angebaute Nahrung und über Wasser, das nachhaltig den Organismus belebt, nährt, erfrischt und verjüngt.

Alle Menschen genießen die Sicherheit einer Wohnung oder eines Hauses. Die Behausungen der Menschen entsprechen ihren kulturellen Bedürfnissen. Sie werden von ihren Bewohnern als lebendig wahrgenommen und sind so gestaltet, dass alle, die darin wohnen, durch Farben, Formen und natürliche Materialien nachhaltig gestärkt werden.

Alle Kinder dieser Erde genießen unseren Schutz und unsere Achtung vor ihrem Kind-Sein. Wir unterstützen sie in ihren besonderen und wertvollen Eigenheiten als »Indigo-« und »Kristallkinder« und erkennen, dass sie Geschenke einer neuen, einer goldenen Zeit sind. Alle Kinder haben Eltern oder Bezugspersonen, die sich liebevoll um sie kümmern, und jedes Kind auf dieser Erde hat die Möglichkeit, eine Schule zu besuchen. Das Schulsystem hat sich auf der ganzen Welt gewandelt und fördert die Kinder in ihren individuellen Talenten, indem es ihre Kreativität und auch ihre intuitiven und medialen Fähigkeiten unterstützt.

Der Arbeitsmarkt, so wie wir ihn kennen, existiert nicht mehr. Jeder arbeitsfähige Mensch hat seinen Platz gefunden, an dem er genau das tut, was seinen Wünschen und Talenten entspricht. All dies geschieht mit Freude, Begeisterung und aus dem Herzen heraus.

Auch unser Finanzwesen hat sich vollständig verändert: Die Banken und Finanzämter sind entmachtet, und der Zinseszins ist aufgehoben. Das Zahlungsmittel Geld existiert nicht mehr. Gier, Ausbeutung, Korruption und Maßlosigkeit waren Schmutzfänger der alten Energie und gehören nun der Vergangenheit an. Menschen brauchen keine scheinbaren »Sicherheiten« mehr in Form von Geldanlagen, Versicherungen und Besitztümern, weil sie sich zutiefst sicher und beschützt fühlen. Sie haben keine existenziellen Ängste, weil alles, was sie brauchen, in Fülle für jeden vorhanden ist:

Nahrung, Wohnung, Kleidung, Bildung, Gesundheit und Entspannung. Alles, was ein gutes Leben ausmacht, wird nun als Geburtsrecht erkannt und genutzt.

Nach unserer »Selbst-Ermächtigung« und »Selbst-Bemeisterung« wird Macht als Eigenschaft unserer königlichen Natur erlebt. Wir erkennen ihre Kraft und auch die Verantwortung, die wir durch sie haben. Wir nutzen sie, um unsere Realität zu erschaffen, und setzen sie zum Wohle aller ein. In diesem Sinne erhält »Politik« eine völlig neue Definition und Gestaltung. Politik ist nun »spiritualisiert«, also vom »Spirit« beseelt und beatmet. Wir brauchen sicherlich keine Parteien mehr, da sie trennende und konkurrierende Einflüsse haben, doch möglicherweise benötigen wir »Organisatoren«, die als hoch bewusste Wesen die Gemeinschaft der Menschen fördern und lenken.

Auch unser Gesundheitswesen präsentiert sich in einem neuen Gewand. Wir brauchen keine Krankenkassen mehr, und auch die Pharmaindustrie hat ihre besten Zeiten längst hinter sich. Die Menschen sind längst nicht mehr so oft und so schwer krank, weil sie in ihrer Balance sind, ihre Selbstheilungskräfte nutzen und die Hilfe von ganzheitlichen Therapeuten in Anspruch nehmen. Die Heilkräfte der Natur, der Kräuter und Pflanzen, der Farben, der Elemente und Elementarwesen stehen allen zur Verfügung. Wissenschaft und Spiritualität sind eins geworden und haben die universelle Lebensenergie und die göttliche Matrix für Quantenheilung endgültig integriert.

Auch unser Alterungsprozess verlangsamt sich zusehends. Wir haben längst erkannt, dass wir nicht Opfer unserer Gene und Umstände sind, sondern dass wir unsere DNS kraft unserer Gedanken nach unseren Wünschen beeinflussen können.

Wir kommunizieren mit den Tieren, achten und wertschätzen sie in ihrem Anders-Sein und als Geschöpfe Gottes. Wir erschaffen Lebensbedingungen für sie, die ihren individuellen Bedürfnissen entsprechen. Wir leben im Einklang mit der Natur und den Elementen, den Elementarwesen, den Feen und Elfen, den Nymphen und Melusinen, den Sylphen und Salamandern, den Zwergen und Trollen und nehmen sie als kraftvolle Helfer und lebendige Wesen wahr. Sie sind endgültig in unsere Welt zurückgekehrt und beleben und bewahren die Elemente. Außerdem sind sie jederzeit für uns da und wir für sie, indem wir ihre Lebensräume pflegen und sie mit Schönheit versehen. Sie verbinden uns mit unserer lichtvollsten Seite und schenken uns Freude und Leichtigkeit.

Es bilden sich immer mehr Gemeinschaften. Seelenverwandte und Zwillingsflammen finden sich und erschaffen neue großartige Projekte. Alle Generationen leben miteinander, sie helfen und unterstützen sich in der Erfüllung ihrer jeweiligen Bedürfnisse.
Menschen, die seit Jahren ohne Partner sind, erleben ihre große Liebe und erfahren die Bedingungslosigkeit dieser Liebe als entspannende Bereicherung. Das Vertrauen zwischen Mann und Frau ist wiederhergestellt,

weil Jahrtausende alte Wunden und Verletzungen heilen konnten. So wurde ihnen eine große Last von den Schultern genommen, und die Seelenliebe ist in ihren Herzen verankert. Frauen erleben sich neu in ihrer Sinnlichkeit und Schönheit, Männer tauchen ein in die Leichtigkeit der »Delfin-Energie«.

In meinem Traum von einer neuen Welt sind wir alle innig verbunden mit den Lichtwesen der Geistigen Welt, mit Vater-Mutter-Gott, mit den Engeln, den Aufgestiegenen Meistern, den Hathoren und vielen anderen Lichtgeschöpfen im Universum, aber auch mit Gaia, unserer Mutter Erde. Es gibt keine Trennung mehr, weil wir endlich unseren Thron bestiegen und uns als göttlich erkannt haben.
So sei es!

Danke ....

Mein aus dem Herzen strömender Dank geht an meine liebe Freundin Annette Hüser, die auch dieses Buch mit ihren außergewöhnlichen und zauberhaften Fotos bereichert hat. Ihrer Liebe zur Natur und vor allem zu Blumen verdanke ich es, dass ein Lüftchen von frühlingshafter Leichtigkeit dieses Buch »durchweht«.

Mit Wertschätzung und Dankbarkeit verneige ich mich vor meiner lieben Lichtarbeiter-Freundin und Künstlerin Sigrid Mahncke, die in diesem Sommer in das große Licht gegangen ist. Ihre inspirierenden Engelbilder werden mich immer an sie erinnern. Ich danke auch dir, liebe Anna Zimmer, denn du hast diesen wertvollen Kontakt hergestellt.

Danke auch an meinen Sohn Joshua, der mit seiner überschäumenden Kreativität einige »überirdische« Fotos aus dem »Universum« geschossen hat und auch an meine Freundin Jeanne Ruland, die mir ein wunderschönes Hathorenbild gemalt hat, das in diesem Buch zu Ehren kommen darf.

Ich möchte an dieser Stelle auch allen anderen Fotografen danken, die mir ihre Bilder zur Verfügung gestellt haben.

Ein warmes Dankeschön geht an die Verleger Heidi und Markus Schirner und alle anderen vom Schirner-Team, die an diesem Projekt beteiligt waren: an Katja Hiller und Verena Beau für das engagierte Lektorat, an Annette Wagner für das wunderbare Layout und Murat Karaçay für die kreative Umsetzung meiner Ideen.

Ich danke meinem Mann Reinhard für seine Geduld, liebevolle Kritik und seine Anregungen und meinen Kindern Joshua und Elias für die Erfahrungen, die ich mit ihnen machen darf und die in dieses Buch einfließen.

Danke auch an meinen lieben Freund Christoph, der ebenfalls in das große Licht gegangen ist. Ich habe durch dein Leiden sehr viel lernen und eine starke Herzöffnung erfahren dürfen.

Ein großes Dankeschön geht auch an meine Freundin Shantidevi Felgenhauer, die mir wertvolle Impulse gegeben hat.

Merci, liebe Yoga- und LichtarbeiterInnen-Gruppe, die ihr mir als Models zur Verfügung gestanden habt, und dafür, dass ich mit euch wachsen und leuchten darf. Danke für all die schönen Projekte und Rituale, die wir gemeinsam für eine bessere Welt zelebriert und gefeiert haben.

Meinen allergrößter Dank schenke ich Mutter Erde und den Meistern und Lichtwesen, die meine ständigen Begleiter und feinstoffliche »Mentoren« sind, besonders die Hathoren, die meine Anbindung an die göttliche Quelle immer klarer und reiner gestalten. Danke für all die wunderbar heilenden und nährenden Ideen, Impulse und Botschaften, die ich von euch erhalten habe.

Ich werde dieses Geschenk einer neuen Erde lieben und wertschätzen!

Michaela Fischer

Anhang

Glossar

Advaita Vedanta

Advaita Vedanta kommt aus der indischen Philosophie und beinhaltet die Vollendung der heiligen indischen Schriften (Veden). In diesen Schriften wird die Göttlichkeit, die allen Wesen innewohnt, hervorgehoben und die Trennung von Gott als Illusion enttarnt.

Akasha-Chronik

Die Akasha-Chronik ist die alte Vorstellung, dass alles, was jemals in Zeit und Raum gedacht, gefühlt und getan worden ist, im großen »Weltgedächtnis« enthalten ist. Nichts geht verloren und kann gegebenenfalls von hellsichtigen, medialen Menschen »gelesen« werden.

Aufgestiegene Meister

Aufgestiegene Meister haben viele Inkarnationen lang auf der Erde gelebt. Aufgrund ihres hohen spirituellen Bewusstseins sind sie in höhere Dimensionen aufgestiegen. Sie sind erleuchtete Wesen, die aus Licht, Liebe und reiner göttlicher Vollkommenheit bestehen. Sie sind sehr stark mit uns verbunden und unterstützen uns in unserem Transformationsprozess. Ebenso wie die Engel helfen sie uns, wenn wir sie darum bitten. Sie respektieren unseren freien Willen und begleiten uns auf dem Weg, für den unsere Seele sich einst entschieden hat.

Babaji

Babaji gilt als einer der großen spirituellen Meister. Er kam 1970 in einer nordindischen Höhle in Haidakhan, im Himalaya, als jugendlicher »Maha-Avatar« in unsere Welt. Babaji erschien immer als etwa 18-jähriger Jüngling, der schließlich 1984 starb. Er galt als ein Erleuchteter mit göttlichen Fähigkeiten, die den Wundern, die Jesus vollbrachte, sehr ähnlich waren. Er besaß eine wunderbare spirituelle Ausstrahlung und lehrte Einfachheit, Wahrheit und Liebe.

Blume des Lebens

Die Blume des Lebens ist die bildliche Darstellung der Schöpfungsmatrix. Aus ihr ist alles Leben entstanden, und alle platonischen Körper der Heiligen Geometrie sind in ihr enthalten. Sie ist ein Symbol mit hoher Schwingung, vollkommener Harmonie und Schönheit. Die Blume des Lebens wurde schon in vielen Pyramiden und Tempeln auf der ganzen Welt gefunden.

Christus-Bewusstsein

Der Aufstieg des Menschen ins Christus-Bewusstsein löst die Illusion auf, dass wir Menschen getrennt von Gott seien. Wir sind uns unserer Göttlichkeit voll bewusst und fühlen und handeln aus dem Herzen heraus. Wir erkennen, dass alles Eins ist, und machen uns völlig frei von der Bewertung und Verurteilung anderer. Das Christus-Bewusstsein ist der Weg der bedingungslosen Liebe und des Mitgefühls und die Integration der männlichen und der weiblichen Energie als heilige Hochzeit in unserem Herzen.

Fünf-Körper-System

Zusätzlich zu unserem grobstofflichen physischen Körper haben wir feinstoffliche Körper, die unsere Aura bilden. Es gibt viele Systeme, die auch unterschiedlich viele feinstoffliche Körper beschreiben. Vereinfacht sind dies mindestens der ätherische Körper, auch »Ätherleib« genannt, in dem unser Meridiansystem verläuft und der dazu genutzt werden kann, die Lebensenergie zu stärken und zu speichern. Im Emotionalkörper sind alle Gefühle und Emotionen aus diesem Leben und früheren Inkarnationen verankert. Der Mentalkörper ist das Feld aller Gedanken, und der spirituelle Körper verbindet uns mit unserem Höheren Selbst, unseren göttlichen Qualitäten und der Geistigen Welt.

Erzengel Metatron

Er ist der Erzengel mit der höchsten Schwingung. Er verhilft uns Menschen zur Klarheit und bringt uns unsere Schattenseiten, aber auch unsere göttliche Abstammung ins Bewusstsein. Er unterstützt uns in unserem Aufstiegsprozess und hilft uns bei der Verwirklichung von Herzenswünschen.

Erzengel Michael

Besonders im Lichtkörperprozess unterstützt uns dieser Engel in allem, was mit dem Thema »Loslassen« zu tun hat. Er entfernt auf unseren Wunsch hin karmische Bänder mit seinem Schwert. Gleichzeitig bietet er uns Schutz auf körperlicher, geistiger und seelischer Ebene, ruft uns zu Wahrhaftigkeit auf und schenkt uns Mut, Stärke und Durchhaltevermögen.

Erzengel Raphael

Sein Name bedeutet »Gott heilt«. Er ist also der Engel der Heilung und unterstützt uns auf allen Ebenen, überall, wo Heilung gebraucht wird, körperlich, emotional oder geistig. Gerade jetzt, wenn wir Menschen uns in einem Prozess des Loslassens und des Erwachens befinden, hilft er uns dabei, die »Transformationsschmerzen« zu lindern und zu heilen. Bitte ihn so oft wie möglich, dich mit seinem heilenden grünen Licht zu durchströmen und dich wieder zurück in deine Ganzheit zu führen.

Erzengel Zadkiel

Er ist der Engel, der uns bei der Vergebung und bei der Umwandlung von negativer Energie in Licht und Liebe hilft. Er unterstützt uns zudem bei der Reinigung unserer feinstofflichen Körper, und du kannst ihn zusammen mit St. Germain anrufen, wenn du mit der Heilkraft der Violetten Flamme arbeiten möchtest.

Hathoren

Die Hathoren sind Wesen innerhalb unserer Galaxis. Ursprünglich stammen sie vom Sirius und leben nun auf der Venus. Sie wirkten durch Hathor, die ägyptische Fruchtbarkeitsgöttin, die auf vielen Pyramiden zu sehen ist, und durch tibetische Lamas. Sie sind eine sehr weit entwickelte Zivilisation und Meister des Klangs. Ihre Liebe zu uns Menschen ist sehr groß, und so haben sie es sich zur Aufgabe gemacht, uns in unserem Aufstiegs- und Transformationsprozess zu unterstützen. Der amerikanische Therapeut und Klangheiler Tom Kenyon ist sehr stark mit den Hathoren verbunden und empfängt regelmäßig Botschaften von ihnen für uns.

Herzchakra

Das Herzchakra ist das zentrale Chakra unseres Seins. Es leuchtet grün-rosa-gold aus der Mitte unseres Brustbeins und lädt ein zur urteilslosen Liebe und Selbstliebe, zum Mitgefühl und zur Vergebung und Gnade. Das Herz und die Thymusdrüse sind die ihm zugeordneten Organe.

Lichtkörperprozess

Durch die immer höhere Schwingung unseres Planeten in den letzten 20 Jahren hat sich auch die Schwingungsfrequenz der Menschen erhöht. Dies hat dazu geführt, dass immer mehr Menschen ihr Herzchakra öffnen und aus dem Herzen heraus denken, fühlen und handeln und dass ihr Bewusstsein sich erweitert hat. Der Lichtkörperprozess ist ein Erleuchtungsprozess, der u.a. dazu führt, dass sich unsere Chakren vom Herzzentrum aus vereinigen, alle zwölf Stränge unserer feinstofflichen DNS und die wichtigsten Drüsen unseres Gehirns, wie die Hirnanhangdrüse und die Zirbeldrüse, aktiviert werden und dass unser Nervensystem und unser Gehirn völlig neu vernetzt werden. Man könnte sagen, dass wir allmählich wieder die perfekte göttliche Matrix annehmen, die aus kristallinem Licht besteht. Der Lichtkörperprozess verläuft in zwölf Stufen und bringt sogenannte Transformationssymptome mit sich, die man auch als Heilungskrise sehen kann.

Dazu gehören z.B. immer wiederkehrende Kopfschmerzen, Rücken-, Nacken- und Muskelschmerzen, grippeähnliche Symptome, chronische Müdigkeit und nächtliches Aufwachen immer um dieselbe Uhrzeit, Vergesslichkeit, hormonelle Störungen, merkwürdige Essgelüste, Depressionen und unerklärliche Traurigkeit, Symptome wie in den Wechseljahren, die auch jüngere Frauen oder Männer betreffen. Auf der Alltagsebene muss während des Lichtkörperprozesses, oft auf schmerzhafte Weise, viel losgelassen werden: Beziehungen lösen sich auf, Ortswechsel stehen an, ungeliebte Jobs müssen erledigt oder Leid durch Krankheiten erlebt werden. Vor allen Dingen zeigt sich immer mehr das Bedürfnis, der Sehnsucht der Seele folgen zu wollen.

Quellen
Literaturhinweise
Adressen

1 Onec, Omnec: Ich kam von der Venus. Autobiografie. Düsseldorf 2000.

2 Fischer, Michaela: Yoga der Neuen Energie. Im Einklang mit den Elementen. Darmstadt 2009.

3 Kryonschule. Kristalle aus der Wirklichkeit www.kryonschule.de

4 Tachi-ren, Tashira: Der Lichtkörper-Prozess. 12 Stufen vom dichten zum lichten Körper. Freiburg 1998.

5 Anselmi, Reindjen: Der Lichtkörper. Ein Überblick über den globalen Transmutationsprozess Burgrain 2002.

6 Chopra, Deepak: Der Jugendfaktor. Das Zehn-Stufen-Programm gegen das Altern. Bergisch Gladbach 2002.

7 Fosar, Grazyna & Bludorf, Franz: Vernetzte Intelligenz. Die Natur geht online. Gruppenbewußtsein – Genetik – Gravitation. Aachen 2001.

8 Herman, Ronna: Erzengel-Michael-Botschaften www.erzengel-michael-botschaften.de

9 Tolle, Eckart: Jetzt! Die Kraft der Gegenwart. Ein Leitfaden zum spirituellen Erwachen. Bielefeld 2000.

10 Kinslow, Frank: Quantenheilung. wirkt sofort – und jeder kann es lernen. Kirchzarten bei Freiburg 2009.

11 Melchizedek, Drunvalo: Aus dem Herzen leben. Verständigung ohne Worte – Schöpfung jenseits der Polarität. Burgrain 2004.

12 hearthmath institute www.heartmath.org/research/science-of-the-heart-head-heart-interactions.

13 Avalon, Claire: Die 12 göttlichen Strahlen und die Priester aus Atlantis. Woldert 2001.

14 Clynes, Manfred: sentic cycles www.sentccycles.org

15 Reiners, David: Neugier trifft Genie
(Broschüre im Eigenverlag)
erhältlich unter E-Mail: info@alterslos-leben.de

16 Iding, Doris: Schläfst du noch oder praktizierst du
schon?. In: Yoga aktuell. 57-04/2009.

17 Caroll, Lee: Kryons Erzählungen. Parabeln für die
Zeitenwende. Berlin 2004.

18 Herman, Ronna: Erzengel-Michael-Botschaften
www.erzengel-michael-botschaften.de

19 Kenyon, Tom & Sion, Judi: Das Manuskript der
Magdalena. Die Alchemie des Horus & die Sexualma-
gie der Isis. Burgrain 2003.

20 Caroll, Lee & Kenyon, Tom (u.a.): 2012 Die große
Veränderung. Hanau 2009.

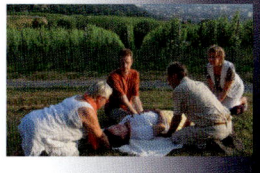

Weiterführende Literatur

Powers, Rhea: Von Herz zu Herz. 90 hilfreiche Lektionen zur Heilung von Beziehungen. Bielefeld 2007

Powers, Rhea: Aufruf an die Lichtarbeiter. Seeon 1987.

Kenyon, Tom: Aufbruch in ein höheres Bewusstsein. Die Hathoren-Botschaften. Hanau 2009.

Braden, Gregg: Zwischen Himmel und Erde. Der spirituelle Weg des Mitgefühls. München 2005.

Braden, Gregg: Der Realitäts-Code. Wie Sie Ihre Wirklichkeit verändern können. Burgrain 2008.

Melchizedek, Drunvalo: Die Blume des Lebens. Redaktionell überarbeitete Mitschrift des Workshops »Die Blume des Lebens«, der von 1985 bis 1994 live auf Mutter Erde abgehalten wurde. Bd. 1 und 2. Burgrain 2000.

Melchizedek, Drunvalo: Die Schlange des Lichts. Jenseits von 2012. Burgrain 2008.

Ein Kurs in Wundern
Gutach im Breisgau 1994.

Internet

www.starchildglobal.com/deutsch
Celia Fenn, spirituelle Lehrerin, Medium, schreibt wöchentliche Channelings über die Zeitqualität

www.esoterium.de
Internetplattform für interessierte Lichtarbeiter. Aktuelle Channelings, Erfahrungsaustausch, Seminarangebote, Forum

www.erzengel-michael-botschaften.de
Channelings von Ronna Herman durch Erzengel Michael

www.tomkenyon.com
Tom Kenyon, Hathoren-Botschafter, Klangheiler, Therapeut, Hirnforscher, Autor

www.lightlanguage.de
Gabriele Bodmer, metaphysische Trainerin, Curandero-Schamanin, Verjüngung, Autorin

www.kryonschule.de
Ausbildungen, Symbole, Kryon-Channelings von Sabine Sangitar

www.freie-energien.com
Manuela Vogt-Ramseier, Über die Symbolsysteme, »Larimar«, »Ingmar«, »Antares« u.v.a.m.

Haftungsausschluss

Die Übungen in diesem Buch stellen keinen Ersatz für medizinische oder psychologische Behandlungen dar. Bei Krankheiten, körperlichen Beschwerden oder in der Schwangerschaft sollte im Vorfeld stets ein Arzt konsultiert werden. Für eventuell auftretende Schäden übernehmen sowohl der Verlag als auch die Autorin keinerlei Haftung. Für die erwähnten Wirkungen und Erfolge kann keine Garantie übernommen werden.

Bildnachweise

Fotografen Bildbanken/Internet und andere

Seite 2: »Meine Zeit« by Dorothea Jacob/pixelio.de

Seite 8: »Wolkenherz am strahlenden Himmel« by knipseline/pixelio.de

Seite 23: »Aris« aus: Kristalle aus der Wirklichkeit von www.kryonschule.de

Seite 48: »Meine Zeit« by Dorothea Jacob/pixelio.de

Seite 49: »Meditation« by strichcode/pixelio.de

Seite 50: »Löwenherz« by Jürgen Ackermann/pixelio.de

Seite 63: »Teure Energie« by Hans-Peter Bolliger/pixelio.de

Seite 73 und 74: »Göttin Hathor« by Ingrid Ruthe/pixelio.de

Seite 108 und 109: »23939042« by davidevison, www.fotolia.de

Seite 118: Symbol »Pirk« aus den Larimar-Energiekarten www.limarutti-verlag.de

Seite 121: Symbol »Zero«aus den Larimar-Energiekarten www.limarutti-verlag.de

Seite 122: Symbol »Kirstin« aus den Larimar-Energiekarten www.limarutti-verlag.de

Seite 130: »Weißer Pfau« by Thommy Weiss/pixelio.de

Seite 132: »Puppet on a string« by Dirk Schelpe/pixelio.de

Seite 134: »Angefressenes Geld« by Jürgen Reinemuth/pixelio.de

Seite 135: »Frühnebel« by Thorsten Müller/pixelio.de

Seite 137: »Lebensfreude pur« by paulwip/pixelio.de

Seite 165 und 165: »Pusteblume blau«, www.shutterstock.com

Seite 169: »In Hülle und Fülle« by Erich Keppler/pixelio.de

Seite 173: »225799«, www.fotolia.de

Seite 174: »4135392« by Markus Gössing, www.fotolia.de

Seite 177: »Die Welt in meinen Händen« by Thorben Wengert/pixelio.de

Fotos von Annette Hüser

Seite 5, 6, 7, 10, 12, 14, 16, 17, 18, 20, 24, 28, 29, 31, 35, 37, 38, 41, 43, 46, 52, 59, 61, 66, 68, 69, 70, 76, 78, 86, 88, 89, 93, 94, 95, 101, 102, 105, 107, 110, 114, 118, 121, 122, 141, 151, 153, 154, 154, 159, 162, 167, 171, 180, 181

Engelbilder Sigrid Mahncke

Seite 56: Engel der Vergebung (Barmherzigkeit)

Seite 97: Engel der Treue (Mut)

Seite 148: Engel der Ekstase

Seite 161: Engel der Heilung

Seite 166: Engel des Friedens

© Verlag »Die Silberschnur«,

aus **Sigrid Mahncke: Lichtengel – Herzkarten. Zur Heilung von Körper und Seele;** ISBN 978-3-89845-208-3, www.silberschnur.de

»Engel der Vergebung«, »Engel der Treue (Mut)«, »Engel des Friedens«, »Engel der Heilung« mit freundlicher Genehmigung des Verlages Silberschnur

»Engel der Ekstase« mit freundlicher Genehmigung der Familie Mahncke

Gemaltes Bild Jeanne Ruland

Seite 116: Hathorin

Fotos von Joshua Mundt

Seite: 124, 139, 157, 158, 176

Michaela Fischer
Yoga der Neuen Energie
Im Einklang mit den Elementen

208 Seiten
ISBN: 978-3-89767-833-0

Wir leben in wahrhaft spannenden Zeiten: Mit einem Fuß stehen wir noch in der alten, mit dem anderen schon in der neuen Welt. Die Elemente Erde, Wasser, Luft, Feuer und Licht bieten uns ihre Heilkraft an, um in Verbundenheit mit Mutter Erde freudiger und vertrauensvoller den Wechsel erleben zu dürfen. Die Erde nährt den Menschen mit Geborgenheit und Struktur. Das Wasser zeigt ihm, wie er sein Potenzial zum Fließen bringen kann. Die Luft ermuntert den Menschen zu Visionen und Leichtigkeit. Das Feuer entfacht die Lust, die wildesten Träume in die Tat umzusetzen, und das Licht erinnert an das göttliche Sein. Das Buch veranschaulicht, wie Sie mit Übungen aus drei Yoga-Systemen (Hatha-, Kundalini- und Tao-Yoga) die Bereiche des menschlichen Körpers stärken können, die den jeweiligen Elementen zugeordnet sind. Spirituelle Übungen helfen Ihnen zusätzlich, eine fühlbare Verbindung zu den Elementen aufzubauen und sich selbst zu erfahren. So wird es Ihnen möglich, intensiv die kraftspendende Lebendigkeit der Mutter Erde zu spüren und Ihr Leben positiv zu gestalten.

WASSER

Herr, lass mich sein, wie das Wasser ist.
Wasser ist völlig widerstandslos und überwindet doch
den stärksten Widerstand.
Wie immer die Gestalt eines Gefäßes auch sein mag,
das Wasser passt sich dieser Form an.
Und doch formt nichts so intensiv wie das Wasser.
Denn es war das Wasser, das den Kontinenten ihre
Form gab.

Wasser arbeitet, aber es strengt sich niemals an.
Es kann eine Mühle antreiben, oder eine Stadt erhellen,
aber es wird niemals müde.

Wasser ist farblos.
Aber was ist ein Regenbogen anderes als Wasser.
Wasser ist geschmacklos. Aber ohne Wasser würde
nichts schmecken.

Wasser lehrt uns Demut, denn es sammelt sich stets
am richtigen Punkt.
Und doch beugt sich selbst der Mächtigste zu ihm herab,
um zu trinken.

Herr, lass mich sein, wie das Wasser ist.
So formlos und so formend und so demütig.

aus: »Meditation der vier Elemente« von Kurt Tepperwein

1. Wasser ist fließende Liebe

Wasser ist ein Element, das alle Sinne in uns anspricht. Wir entspannen uns am Meeresstrand, lauschen dem Rauschen der Brandung, lassen unseren Blick über die endlose Blau der Wasseroberfläche schweifen, spüren das erfrischende Salzwasser an unserem Körper und auch unser Atem beginnt, sich langsam dem Zyklus der Wellen anzupassen. Wir verschmelzen mit dem Wasser, wir sind das Meer und das Meer ist in uns. Dann existiert keine Trennung mehr und unsere Liebe zu diesem Element kommt ins Fließen. Im Organismus der Erde könnten wir bspw. die Flüsse als Arterien oder Venen ansehen, die Meere und Seen als die mit Flüssigkeit gefüllten, größeren Hohlräume unseres Körpers. Das Wasser strömt durch die Erde und belebt sie, wie unser Blut unseren Körper und seine Organe nährt. Die Liebe des Wassers zeigt sich uns in seiner empfangenden, aber auch in seiner gebenden Seite. Wasser nimmt Informationen auf, kann sie aber auch wieder abgeben. Wasser ist weiblich, voller Hingabe und sich selbst verschenkend in verschwenderischer Fülle. Wenn wir vor einer sprudelnden Quelle stehen oder einen Wasserfall betrachten, dann werden uns die Unbegrenztheit und

die einladende Großzügigkeit dieses Elements bewusst. Es ist herrlich, in der Sommerhitze kühles Wasser zu trinken, in der Meeresbrandung zu toben, durch das Wasser, das ein Rasensprenger aussendet, zu hüpfen oder die Füße in einen Bach zu tauchen, in einem sauberen Fluss zu baden oder sich im Winter in den tiefen Schnee fallen zu lassen. Wasser spricht viele Emotionen in uns an und vor allem unsere kindliche, verspielte Seite, sofern wir in unserer Kindheit keine angstvollen Erfahrungen damit gemacht haben. Erst ein Mangel

an Wasser macht uns klar, wie sehr wir es brauchen und vermissen und vielleicht auch wie lieblos und verschwenderisch wir mit dem Wasser umgehen.

Diamantrad

Das Diamantrad, aus dem tibetischen Herz-Yoga, gehört zu meinen Lieblingsübungen. Ich habe das Diamantrad bei Geshe Michael Roach gesehen und praktiziere es immer, wenn ich die Wirbelsäule hinter dem Herzen stärken möchte. Allerdings solltest du für diese Übung gut aufgewärmt sein, sonst könnte es zu Überdehnungen oder kleinen Muskelfaserrissen kommen.

Vorbereitung: Setze dich vor Beginn der Übung aufrecht auf den Boden, strecke die Beine aus, und beuge den Kopf zu den Knien herunter. Mache den Rücken dabei ganz lang. Vielleicht magst du dir beim Vorbeugen einen Menschen vorstellen, dem du auf diese Weise Güte, Liebe oder Frieden schicken möchtest.

Erster Teil

Komme nun in den Yogasitz, verschränke die Hände hinter dem Rücken, drehe den Oberkörper vom Herzen aus nach links und die verschränkten Hände nach rechts. Blicke dabei über deine linke Schulter. Atme fünfmal ein und aus. Komme beim Ausatmen zur Mitte zurück. Wechsle nun die Seite, drehe den Oberkörper nach rechts und die verschränkten Hände nach links. Schaue über die rechte Schulter, und atme fünfmal ein und aus.

Zweiter Teil

Komme beim Ausatmen wieder zur Mitte zurück, und entspanne dich.
Atme tief ein, verschränke die Arme über dem Kopf, ziehe dich aus der Taille heraus nach oben, und beuge dich beim Ausatmen auf die linke Seite. Der Blick bleibt nach vorn gerichtet. Atme fünfmal ein und aus.